Histoire de l'Amérique avant l'immigration
Européenne

# Histoire de l'Amérique avant l'immigration européenne

Henri Blerzy
Elisée Reclus

Editions Le Mono

Collection «*Les Pages de l'Histoire* »

Connaître le passé peut servir de guide au présent et à l'avenir.

ISBN : 978-2-36659-423-2
EAN : 9782366594232

# Chapitre 1

## *L'Amérique avant Christophe Colomb[1]*

I

Comment était la vie sur les terres d'Amérique avant sa découverte par les Européens ? Quels étaient, avant Christophe Colomb, les rapports des populations de l'Ancien au Nouveau Monde ?

On est toujours désireux de savoir ce que furent et comment vécurent les premiers hommes, comment ont-ils atteint les différentes régions de la terre pour y s'installer. Depuis qu'il est admis, à travers les découvertes archéologiques, que tous les peuples, même ceux qui tiennent aujourd'hui le premier rang parmi les nations civilisées, ont eu leur période de barbarie, on s'intéresse davantage aux tribus indigènes encore éloignées de la civilisation occidentale et qui sont le témoignage vivant de ce que les ancêtres des nations dites civilisées durent être jadis. Cette science de

---

[1] Par Henri Blerzy.

l'archéologie préhistorique a fait des progrès rapides et nous a livré beaucoup de connaissances.

Il n'y a pas longtemps encore, l'histoire de l'humanité commençait avec les plus anciennes relations écrites ; tout au plus consentait-on à tenir compte des traditions orales rapportées par les auteurs les plus anciens sur la foi de ceux qui les leur avaient racontées. C'était trop se restreindre, puisque les nations étaient déjà vieilles lorsque les premiers livres furent écrits, et que c'est précisément dans la période antérieure à toute littérature qu'il faut rechercher les souvenirs d'origine ou de migration des peuples. L'érudition moderne se meut dans un espace plus large ; plusieurs sciences sont devenues ses tributaires. Pour elle, le linguiste étudie les divers idiomes morts ou vivants, il en compare les mots et la grammaire pour découvrir s'ils sont issus d'une langue commune ; l'antiquaire collectionne les débris des civilisations primitives que recèlent les tombeaux ou le sol des lieux anciennement habités ; le naturaliste mesure les crânes et les ossements des squelettes retrouvés sous terre ; l'architecte relève les plans des monuments qui ont résisté aux intempéries atmosphériques, il en restitue les proportions et les dispositions premières avec une imagination trop complaisante quelquefois ; enfin les inscriptions hiéroglyphiques fournissent à l'épigraphiste des renseignements d'une authenticité non douteuse, ce qu'il faut de sage critique pour ne pas s'égarer avec des points de repère si fugitifs, on le comprend sans peine. Aussi l'historien des temps primitifs ne saurait-il trop se garder des hypothèses de fantaisie, dont les études américaines en particulier n'offrent que trop d'exemples. Il s'est trouvé des écrivains qui faisaient descendre les Peaux-Rouges des Juifs, sous prétexte qu'on retrouve sur les bords du Mississipi quelques mythes populaires analogues à ceux de la Judée ; d'autres, sur la foi de quelques étymologies trompeuses, veulent que les Chinois aient envoyé des colonies en Californie. Il importe de se persuader tout d'abord qu'une indication isolée est sans valeur parce qu'elle peut être due à une coïncidence fortuite. Les seules conclusions que l'historien ait le droit d'admettre, sont celles que fournissent d'accord les monuments, les langues, les caractères physiques de l'homme, ses mœurs et ses traditions. Lorsqu'on veut suivre pas à pas les progrès de la civilisation sur un grand continent, il faut encore tenir compte des conditions géographiques au milieu desquelles les peuples se meuvent. Cette remarque est d'autant plus importante dans la circonstance qu'il y a sous ce rapport une différence considérable entre l'ancien monde et le nouveau : en Asie et en Europe, même en Afrique, les principales chaînes de montagnes sont orientées de l'est à l'ouest ou à peu près ; en Amérique, elles le sont du nord au sud. On a prétendu avec assez de vraisemblance que les habitants de la zone tempérée furent les premiers à sortir de la barbarie. Plus près de l'équateur, l'homme vit au milieu de l'abondance sans souci ni travail, il n'éprouve pas le besoin d'améliorer son sort ; plus au nord, il ne subsiste qu'avec peine, la vie est une lutte pénible contre les éléments. Cette loi de nature s'est assez bien vérifiée dans l'ancien continent, où, depuis le massif central de l'Asie jusqu'au littoral de l'Atlantique, s'étale une large région ni trop chaude ni trop froide, uniformément fertile à peu d'exceptions près. Dès qu'une tribu, cantonnée dans cet espace, fut en possession des premiers instruments de civilisation, le feu, les métaux, dès qu'elle sut domestiquer les animaux utiles, cultiver la terre, elle eut aussi devant elle autant de place qu'il était besoin pour croître et se multiplier, pour s'étendre sans modifier les conditions de son existence. L'Assyrie, l'Égypte, l'Asie-Mineure, l'Europe méridionale tout entière, étaient à cet égard parmi les pays les plus favorisés du globe. En vertu de circonstances peu connues, les hommes qui vivaient sur les bords du Nil et de l'Euphrate surent les premiers labourer, construire des monuments durables, traduire leurs pensées par l'écriture. Dans la Gaule, en Italie, dans la vallée du Danube, des hommes de race différente, auxquels le sol et le climat n'étaient pas moins propices, empruntèrent à ces voisins du sud les connaissances qui leur manquaient. Pour les habitants primitifs de notre Europe, le bassin de la Méditerranée fut un foyer de lumières où tous profitèrent de l'expérience que les tribus les plus industrieuses avaient acquise. Ainsi la civilisation dont nous avons hérité passa tour à tour de l'Égypte en Grèce, de la Grèce en Italie, toujours plus brillante à mesure qu'elle s'avançait, et elle n'a eu de rivale en aucun lieu du globe. A une époque critique, elle fut mise en danger par un flot de barbares ; mais alors elle avait acquis assez de puissance pour leur résister, bien plus, elle les subjugua.

En Amérique, il en est autrement. Sous quel aspect s'y présente en effet la zone comparable, en latitude, au bassin de la Méditerranée ? C'est l'espace compris entre New-York et San-Francisco, où le continent offre le plus de largeur. Sur la côte atlantique, le climat est excessif, plus chaud en été, plus froid en hiver qu'il ne l'est dans l'Europe méridionale. Peut-être la rive gauche du Mississipi ne laisse-t-elle rien à désirer, — on verra plus loin qu'il y existe de nombreux vestiges d'une population industrieuse ; — mais la rive droite du grand fleuve n'est qu'une plaine d'une trop rigoureuse uniformité : au-delà vient la triste région des Lacs-Salés, puis des montagnes ; la fertilité ne reparaît plus que sur une bande étroite au long du Pacifique. Les découpures de notre littoral méditerranéen, le climat tempéré de notre Europe offraient bien d'autres ressources à des peuplades primitives. Celles-ci émigraient-elles vers le nord ou vers le sud, comme les y invitait la direction générale des cours d'eau, au nord elles abordaient des solitudes glaciales dont l'aspect n'a rien d'engageant, au sud apparaissait, entre les 30e et 35e degrés de latitude, une zone ingrate, assez semblable à ce que sont les steppes du Turkestan dans l'ancien monde. Au-delà, plus au sud, le climat redevient plus favorable, grâce à l'élévation du sol. Le magnifique plateau du Mexique se dresse à une altitude telle que la chaleur y est modérée malgré la proximité de l'équateur ; mais ce plateau est en quelque sorte une forteresse que limitent de droite et de gauche deux bandes malsaines de terres chaudes. Enfin, dans les provinces du Honduras et du Yucatan, le continent s'amincit, les montagnes s'abaissent, le sol est fécond autant qu'en aucun lieu du monde ; seulement la chaleur y est excessive, et la salubrité de l'air ne compense pas tout à fait ce désavantage. C'était là que la civilisation américaine devait s'épanouir, quoiqu'elle eût pu avoir aussi bien pour berceau le plateau de l'Anahuac, la vallée de l'Ohio ou celle du Sacramento.

Sans doute ces conditions physiques n'ont plus aujourd'hui qu'une influence restreinte, parce que l'homme blanc est armé de façon à lutter contre la nature elle-même. Aujourd'hui la condition de race a plus de puissance.

La Suède, avec un sol ingrat et un climat sévère, est un des pays les plus cultivés de l'Europe ; l'Anglais prospère en Australie, où le noir indigène dépérit. L'Inde est aussi peuplée et produit autant que la plus riche province de la zone tempérée, en dépit du soleil tropical ; mais à l'origine il n'en fut pas ainsi. Les hommes primitifs, mal défendus contre les variations climatériques, en ont dû subir l'influence à un degré que nous avons peine à concevoir. En outre, un continent trop compact, entrecoupé de montagnes ou de déserts stériles, condamnait à l'isolement les tribus sauvages qui l'habitaient. Il n'y a pas d'exemple que la civilisation ait acquis un grand développement dans une lie au milieu de l'Océan, les circonstances naturelles y fussent-elles propices. Les peuples ne sortent de la barbarie que par le frottement qu'ils exercent les uns sur les autres. Dans l'Amérique septentrionale, il y avait comme des îlots où les nations vécurent à l'écart. Quoique les plus favorisées fussent parvenues dès le XVe siècle à un état social que les Espagnols admirèrent avec raison, aucune de ces civilisations natives n'a survécu. Bien plus, certains indices feraient croire que les peuples les plus civilisés avaient été écrasés longtemps avant l'arrivée de Christophe Colomb par une invasion de barbares, comme il serait arrivé dans le monde romain, si les Cimbres et les Teutons avaient triomphé de Marius cent ans avant Jésus-Christ. Si l'histoire avait été renversée dans l'un et l'autre hémisphère, peut-être un navigateur américain eût-il débarqué quinze cents ans plus tard sur quelque plage de la péninsule italique, et, sur le vu des ruines qu'il y eût aperçues, il aurait conclu que cette région avait appartenu jadis à une nation illustre, désormais disparue.

Il faut bien le confesser, les Européens ont souvent agi dans le Nouveau-Monde comme s'ils avaient été des barbares. A la suite de Christophe Colomb, ils envahirent cet eldorado avec une ardeur prodigieuse, s'y comportant chacun selon son tempérament, partout et toujours avec un égal mépris pour les indigènes. Les royaumes un peu policés, le Mexique et le Pérou par exemple, dont les richesses tentaient la cupidité des immigrants, subirent le joug les premiers. Les seules peuplades qui conservèrent leur indépendance, leur vie propre, furent les plus sauvages, auxquelles il n'y avait rien à prendre ou qui fuyaient devant l'invasion. Domptées et converties par les uns, traquées par les autres, les tribus natives disparurent ; ce qu'il en échappait perdit toute originalité. Il ne reste probablement pas plus de 3 millions d'indigènes dans l'Amérique septentrionale toute entière ; il y en avait bien dix fois plus à l'époque de la découverte. Aussi l'étude des races natives encore existantes jette-t-elle peu de jour sur la situation qu'elles avaient au temps de la conquête. Passons-les néanmoins en revue du nord au sud, pour voir ce qu'il en survit. Tout à fait au nord, dans le territoire d'Alaska, que le tsar a vendu aux États-Unis il y a peu d'années, subsistent de malheureuses tribus dont l'existence est une lutte perpétuelle contre les éléments. Le climat y est d'une sévérité excessive. Ce n'est pas cependant que le pays soit pauvre ; au contraire, la vie animale y abonde, tant sur terre que sur mer. Les indigènes sont Esquimaux, d'origine asiatique, suivant toute apparence ; les continents ne sont séparés à cette latitude que par d'étroits bras de mer qui gèlent en « hiver ; le trajet s'opère sans difficulté. Il est remarquable que dans cette région de l'extrême nord Européens et natifs vivent en meilleure intelligence que partout ailleurs. La cause en est que les marchands de fourrures, les seuls hommes blancs qui s'aventurent si loin, ont reconnu que les Indiens étaient d'excellents pourvoyeurs. Ils en ont donc eu soin, poussant le souci au point de ne leur fournir de l'eau-de-vie qu'en quantité modérée. Les Esquimaux se maintiennent tels qu'ils ont toujours été ; mais ces hyperboréens ne nous apprennent rien de l'ancienne population américaine, à laquelle ils sont sans doute étrangers.

Dans les territoires de la Colombie britannique et de l'Orégon, le climat, tempéré par les courants chauds du Pacifique, devient supportable ; le sol est fertile, il abonde en minerais précieux. En réalité le pays est d'une richesse telle que les colons en tirent un merveilleux parti. Les indigènes étaient tout à fait barbares à l'arrivée des Européens, et l'accord entre les deux races ne s'est jamais établi, parce qu'il n'y a pas d'accord possible entre un peuple chasseur et des colons qui défrichent la terre. Les Indiens, étant les plus faibles, disparaissent de jour en jour. On les accuse d'être traîtres et cruels ; avant de croire tout ce que l'on en raconte, encore faudrait-il savoir ce qu'ils ont eux-mêmes à dire des étrangers qui sont venus prendre leur place sur la terre. En Californie, — le croirait-on ? — dans une province dont tous les voyageurs exaltent la richesse, la race humaine est restée moins avancée que partout ailleurs. Les Californiens sont à peine vêtus, ils ne savent pas se construire des maisons, fabriquer des canots, encore moins cultiver le sol, à peine sont-ils chasseurs ; on prétend qu'ils n'ont ni morale, ni religion. Plus à l'est, à mesure que l'on approche de l'Atlantique, les indigènes ne vivront bientôt plus que dans les souvenirs des vieux colons. L'immigration européenne les anéantit ou les refoule, ce qui revient au même en définitive. Le gouvernement fédéral s'efforce de cantonner ce qu'il en reste dans un territoire réservé d'où les pionniers sont exclus, afin que ces malheureux natifs puissent conserver leurs habitudes vagabondes. Il y a encore, dit-on, 300,000 Indiens environ aux États-Unis, nombre bien inférieur a ce que l'on en aurait compté jadis. Le seul point à noter ici est que ces Peaux-Rouges ne se comportent pas tous de même façon vis-à-vis de leurs voisins européens. Les uns paraissent intraitables ; il n'y a pas espoir de les dompter. D'autres au contraire s'assouplissent aux habitudes de la vie civilisée, ils vivent en paix au milieu des blancs, apprennent à cultiver la terre et à soigner leurs animaux domestiques. Il semblerait qu'il y a deux races distinctes parmi les Indiens, deux races dont l'une est plus susceptible que l'autre de se perfectionner.

La race blanche n'a guère entamé la région située sur les confins des États-Unis et du Mexique ; par conséquent, les Indiens s'y montrent davantage à l'état de nature ; aussi est-il curieux de les y étudier. Le climat et l'aspect physique y présentent beaucoup de variété. Des savanes sablonneuses, stériles, sont coupées du nord au sud par des chaînes de montagnes dont les pentes couvertes de végétation servent de refuge aux hommes et aux animaux. Sur les hauteurs, la température est modérée ; dans les plaines, elle est glaciale en hiver en dépit de la latitude, intolérable en été par excès de chaleur. Quelques tribus y végètent dans la plus complète barbarie ; d'autres" sont nomades, vivant tantôt de rapines, tantôt des produits de leurs troupeaux ; puis encore, au fond des vallées, s'abritent des peuplades moins sauvages qui demeurent sédentaires dans des villages et se livrent à l'agriculture. Ainsi, dans un espace de médiocre étendue, on a le spectacle des transitions entre la barbarie primitive et la vie civilisée des villes.

Parmi les nomades, les Apaches et les Comanches sont les plus dignes d'être observés. Endurcis au froid et au chaud, à la faim et à la soif, ils n'ont d'autre industrie que le vol. Sans autres armes que Tare et les flèches, avec une lance et un bouclier, ils parcourent à cheval le désert, se tiennent en embuscade aussi longtemps qu'il le faut, et attaquent leur ennemi à l'improviste. Leur mode de combattre n'a donc rien de chevaleresque. S'ils font des prisonniers, ils les scalpent ou les torturent. Ils sont aujourd'hui les plus fidèles représentants des guerriers que les romanciers américains d'autrefois se sont plu à décrire. Toutefois quelques-uns savent exploiter les mines d'argent situées sur leur territoire ; d'autres entretiennent des troupeaux de moutons, même ils en filent et tissent la laine ; mais leur industrie ne va pas jusqu'à construire des bateaux, bien qu'ils mènent une vie errante à côté de fleuves navigables. La conquête espagnole leur a donné le cheval ; c'est leur unique moyen de transport : ils sont devenus les plus habiles cavaliers qu'il y ait au monde.

Non loin de ces indigènes se trouve une population fixe, agglomérée dans des villes ou forteresses construites en pierres ou, si la pierre manque, en briques séchées au soleil. Les premiers Espagnols qui les visitèrent ont donné à ces Indiens le nom de Pueblos qui leur est resté. D'aussi loin qu'on les connaît, ils cultivent la terre dont les produits suffisent à leur nourriture, bien qu'ils ne dédaignent pas la chasse et la pêche. Ils sont aussi plus industrieux que les nomades et, quoique pacifiques, savent se défendre contre les attaques de ceux-ci. Pourtant ce sont des gens de même race suivant toute apparence ; ce sont, sous deux aspects différents, les témoins de ce qu'était la population native avant la conquête. L'invasion européenne ne les a du reste presque pas dérangés jusqu'à ce jour. Qu'est-ce que les Espagnols auraient été prendre chez eux ? Dès le XVIe siècle, les compagnons de Fernand Cortez dirigèrent plusieurs expéditions de ce côté, s'imaginant sans doute qu'il y existait des royaumes fantastiques aussi riches que celui de Montézuma. La rumeur publique transformait les *pueblos* en villes magnifiques. Quelques aventuriers qui s'étaient avancés jusqu'au fond de la Mer-Vermeille en revinrent sans avoir rien rencontré qui valût la peine d'être pris. Depuis lors les Apaches et les Pueblos ont vécu tranquilles jusqu'à l'époque où les pionniers américains sont venus à leur tour, par un autre chemin, envahir leur territoire.

Sur le plateau du Mexique et dans les provinces tropicales qui viennent à la suite, l'histoire des indigènes est tout autre. Fernand Cortez y trouva un puissant empire ou plutôt une sorte de confédération dont les Aztèques, établis à Mexico, étaient les maîtres. Autant qu'on en peut juger, l'état social des Aztèques n'était pas trop inférieur à celui des Espagnols eux-mêmes, sauf qu'ils étaient plus cruels. Ils avaient des monuments, des lois écrites, une organisation politique assez complexe. Tout cela fut anéanti. Par esprit de prosélytisme, les hommes de race blanche auraient voulu détruire jusqu'au souvenir de ce que les indigènes avaient été dans les temps passés. Le sort des vaincus dépendit alors de la situation qu'ils occupaient vis-à-vis de leurs conquérants. Ceux des villes adoptèrent les mœurs et les idées européennes ; ils se transformèrent en hommes civilisés. Les autres, qui vivaient à l'écart dans les provinces, rétrogradèrent au contraire vers la barbarie. C'est ainsi que l'on voit aujourd'hui dans la république mexicaine des peuplades tout à fait sauvages en même temps que des Indiens qui ne sont inférieurs en rien aux émigrés de l'Ancien-Monde. La population native a diminué, mais en somme elle n'a pas été écrasée comme cela s'est fait dans le nord du continent. Est-ce parce qu'elle était plus sociable, ou parce que les Espagnols furent plus tolérants pour elle que les Anglo-Saxons ? Ces deux causes y ont sans doute contribué l'une et l'autre.

En résumé, dans ce trajet à vol d'oiseau du détroit de Behring à l'isthme de Panama, on aperçoit des populations bien diverses par les caractères physiques autant que par les aptitudes intellectuelles. Il convient de laisser à part les Esquimaux, qui, tout l'indique, sont de race exotique et proches parents de leurs voisins du Kamtschatka ou du Groenland. Ceux-ci mis de côté, il faut encore admettre qu'il n'y a rien de commun entre les natifs grossiers de la Californie ou les Peaux-Rouges des états du centre, et les tribus plus policées que l'on rencontre au sud, voire les habitants du Nouveau-Mexique et certaines peuplades du nord-est. En y regardant de plus près, on est encore forcé d'établir des distinctions entre des peuples parvenus au même degré de civilisation. Par exemple, une étude attentive ne permet pas de confondre les Aztèques et les

Pueblos ; à défaut d'autres indications, le langage suffirait à prouver qu'ils n'ont rien de commun.

Tout voyageur européen qui visite pour la première fois un continent habité par des races d'hommes multiples, s'imagine à première vue que les indigènes sont tous issus d'une même souche. L'œil ne lui révèle d'abord aucune différence entre les natifs de différentes tribus. Avec plus d'expérience, il apprend à discerner ce qu'il y a de dissemblable entre eux suivant la race et la province d'origine. L'observation scientifique rend ensuite ces distinctions plus frappantes. Enfin, quand ce continent est l'Amérique du Nord, le voyageur découvre à la longue des monuments ou bien il recueille des traditions dont il ne peut constater ni l'âge, ni l'origine, mais qui paraissent se rapporter à des races éteintes dont personne ne peut dire ce qu'elles sont devenues. Les monuments en particulier sont des plus curieux ; voyons quel secours l'histoire des races indigènes en peut retirer.

## II

Ce que l'on sait de positif sur l'histoire ancienne des nations américaines ne remonte qu'à quinze siècles au plus. Quelques mots suffiront pour résumer ce que nous apprennent les annales. Toute la vie des Américains antérieurement à la conquête se concentre dans le plateau de Mexico, l'Anahuac ou pays des eaux, comme l'appellent les indigènes. Vers le V$^e$ siècle de l'ère chrétienne, l'Anahuac aurait été occupé par les Toltèques, auxquels la tradition attribue les plus beaux monuments de la contrée. Ils étaient riches, instruits, prospères. Des héros mystérieux venus par mer on ne sait d'où leur avaient donné des lois, enseigné les arts utiles. Des guerres civiles, des famines ou peut-être des catastrophes suscitées par la colère des dieux, — l'histoire locale énumère toutes les causes de désastres l'une après l'autre, — les épuisèrent à tel point, que ce qu'il en restait se retira vers le sud. Alors arrivèrent du nord-ouest, vers le XI$^e$ siècle, les Chichimèques, peuples sauvages, qui préférèrent à leur pays natal les terres fertiles de l'Anahuac lorsqu'ils apprirent qu'elles étaient abandonnées. Ils s'y civilisèrent, ce qui ne les empêcha pas de se disputer entre eux. Vers l'an

1400, la tribu des Aztèques, plus belliqueuse et plus cruelle que les autres, avait acquis la prépondérance ; son roi, qui résidait à Mexico, partageait le pouvoir suprême avec les souverains de Tezcuco, de Tlacopan et de Tlascala ; il avait même la prétention de les dominer tous. Sur ce, Fernand Cortez apparut ; il eut l'adresse de s'allier aux petits potentats que menaçait l'ambition de Montézuma. Ce fut la cause de ses succès. Une vieille fable populaire annonçait que le pays serait conquis par des hommes à peau blanche arrivant par mer du côté du soleil levant ; les Espagnols passèrent à tous les yeux pour être les héros de cette légende. Devenus maîtres du Mexique, ils renversèrent tous les gouvernements locaux ; bien plus, désireux de convertir au christianisme les populations qu'ils avaient soumises, ils s'empressèrent d'anéantir tout ce qui rappelait aux indigènes le souvenir de leurs anciennes institutions. Au dire de l'historien Prescott, un archevêque trop zélé fit un feu de joie de tous les manuscrits aztèques qu'il avait pu réunir. Cependant tout ne fut pas détruit. Des Indiens, ayant appris la langue espagnole, écrivirent dans ce nouvel idiome l'histoire de leur pays ; il ne reste du passé que ces documents d'une véracité contestable. En dehors du Mexique, les annales sont plus obscures encore. Peu de temps après la conquête, en parcourant les provinces méridionales, les Espagnols découvrirent d'autres monuments abandonnés dès cette époque ; ils observèrent d'autres mœurs, recueillirent d'autres traditions, comme si ces provinces avaient appartenu à des peuples autres que les habitants de l'Anahuac. Ce qui a survécu de cette civilisation méridionale, on l'a attribué à la nation maya, qui aurait créé les villes mortes du Yucatan et du Honduras, tandis que les Aztèques faisaient partie de la nation nahua. Entre les Mayas et les Nahuas, il y a des différences telles que l'on ne peut leur assigner une même origine, à moins de remonter aux temps antérieurs à toute civilisation. Au reste, ce n'est plus qu'en fouillant le sol de l'Amérique que l'on retrouve des vestiges de leur passé.

A commencer par le sud, voici d'abord les ruines de Copan vers le 15e degré de latitude, au milieu d'une forêt dont la végétation puissante envahit tout. Ville ou temple, Copan était abandonné au XVIe siècle, car Fernand Cortez, qui passa tout près en 1524 dans une expédition contre les habitants du

Honduras, n'en entendit pas parler. Ces ruines ne sont pas les restes d'une construction grossière. Les murs sont bâtis en blocs énormes dressés avec soin ; on y voit encore des pyramides de grande dimension, des statues, des idoles surchargées d'ornements avec des dessins emblématiques dont le sens est indéchiffrable. La pierre n'a pu être taillée de cette façon que par un peuple sachant fondre les métaux et en fabriquer des outils.

L'Amérique centrale n'est pas une contrée dont l'exploration soit facile. Une chaleur accablante, la puissance de la végétation, l'insouciance des habitants actuels tout contribue à décourager l'antiquaire. Toutefois, dans le Yucatan, les voyageurs ont fait une ample récolte d'observations intéressantes, rien qu'en passant, car il n'est même pas nécessaire d'y creuser la terre pour en exhumer les restes des temps antéhistoriques. Ce pays est, à vrai dire, l'Égypte du Nouveau-Monde. Le sol est jonché d'édifices en ruine ; à peine y a-t-il une bourgade, une maison de campagne, dont les murs ne recèlent des pierres sculptées provenant de constructions plus anciennes. Les Espagnols, qui y vinrent les premiers, n'y firent pas attention ; s'en fussent-ils souciés davantage, l'Anahuac leur avait offert déjà le spectacle de tant de merveilles qu'ils ne s'étonnaient plus de rien. Ici les habitants primitifs construisaient avec la pierre, le mortier et le bois. La voûte était inconnue ; on y suppléait par des arceaux semblables à ceux des monuments cyclopéens de l'Europe, formés de pierres horizontales en saillie les unes sur les autres ; les murs étaient recouverts d'enduits ornés de peintures. Le plus étrange est que les bois employés dans ces édifices, par exemple pour les linteaux de porte, ont survécu aux ravages du temps. Cela prouve-t-il que le climat est salubre, que le bois est de bonne qualité, ou bien que les monuments sont en réalité beaucoup plus modernes qu'on le voudrait faire entendre ? On peut poser ces questions, mais non les résoudre. L'aspect général des constructions, quoiqu'un peu lourd, n'est pas sans grâce. Les règles de l'art et de la solidité y sont observées, ce qui en explique la longue durée. Les sculptures qui les décorent ne manquent point de mérite. On a fait la remarque que la figure humaine y est représentée en de justes proportions, soit en statues de pierre, soit en relief sur les poteries. En somme, ces œuvres sont l'expression d'une civilisation avancée. Les Mayas, auxquels on en attribue le mérite, furent sans contredit des gens instruits, délicats. On hésite avec raison à voir leurs descendants dans les habitants du pays, qui Vivent indolemment à côté de ces ruines magnifiques.

Palenqué, dans l'isthme de Tehuantepec, est encore une ville antique oubliée au milieu des forêts, dans l'un des sites les plus délicieux du littoral. En 1746, deux siècles après que les Espagnols s'étaient établis dans la province, un missionnaire découvrit ces ruines par hasard ; elles ont été souvent visitées depuis, elles ne l'ont pas encore été avec le soin qu'elles méritent. Ce que l'on retrouve à Palenqué, de même qu'à Copan, à Uxmal et en cinquante autres endroits, ce sont des pyramides colossales surmontées de constructions grandioses que l'on peut prendre pour des temples. Les arbres qui poussent au milieu des pierres avec une vigueur tropicale n'ont pas permis de faire une exploration complète. Des voyageurs modernes ont pu cependant en rapporter de nombreux dessins. Des bas-reliefs en stuc, assez bien conservés, méritent surtout d'attirer l'attention ; ils représentent des hiéroglyphes, des personnages en diverses attitudes avec une singulière variété d'habillement et d'accessoires, bien que la tête humaine se présente toujours de profil avec un front déprimé, qui était, faut-il croire, une marque de beauté ou de distinction pour les artistes de cette époque. Quelle est la date des temples de Palenqué ? Quel peuple les a construits ? Le seul fait incontestable est que cette ville était en ruines lorsque les Européens arrivèrent. Les uns veulent qu'elle ait été recouverte par la mer pendant plusieurs siècles, ce qui expliquerait l'état de conservation dans lequel on la retrouve. D'autres y prétendent reconnaître les attributs de la mythologie hindoue, que des émigrants asiatiques auraient apportée il y a un millier d'années, on ne dit point par quelle voie. D'autres enfin attribuent ces monuments aux architectes inconnus de cette nation maya, qui aurait vécu prospère dans l'isthme américain entre le premier et le dixième siècle de notre ère, qui aurait tiré ce qu'elle savait de son propre fonds et que des catastrophes inouïes, peut-être une invasion de barbares, auraient plus tard anéantie ou rejetée dans la vie sauvage. Y a-t-il rien au monde de plus étrange que cette architecture mystérieuse, exhumée après des siècles d'abandon sans qu'aucun document en raconte l'origine ou l'histoire ?

Les ruines dont il a été question jusqu'ici étaient assurément l'ouvrage de nations paisibles, car il n'y a pas apparence de travaux défensifs aux alentours ; au Mexique, et plus au nord, on croit distinguer au contraire des fortifications. Les antiquités mexicaines sont l'œuvre des Nahuas, moins policés et plus belliqueux que leurs voisins du sud. Elles sont aussi moins bien conservées, non pas que le climat fût plus destructif, mais parce que les Européens, loin de les protéger, ont contribué à les faire disparaître. A Mexico, par exemple, il ne reste rien de la capitale de Montézuma. Les palais du souverain ont été démolis aussi bien que les maisons du pauvre peuple. Les temples n'ont pas laissé de traces. Tout ce que l'on a retrouvé dans les temps modernes se réduit à quelques pierres sculptées déterrées par hasard en nivelant les rues de la cité. Il y a cependant de beaux restes en quelques endroits. La pyramide de Cholula, près de laquelle Cortez livra l'une de ses plus sanglantes batailles, et celle de Xochicalco rappellent, par la forme ou par le mode de la construction, les monuments du sud. Pourtant il y a des différences telles qu'il serait impossible de les rapporter à un seul et même peuple. Les sculptures sont d'une autre école. La pyramide est le type favori dans l'une et l'autre contrée, par quoi s'établit entre les antiquités du Nouveau-Monde et celles de l'Égypte une analogie apparente dont il ne faudrait pas abuser. Lorsque la pierre se rencontrait à portée, l'architecte savait la tailler avec art ; à défaut de pierre, il employait la brique séchée au soleil. Il est remarquable du reste que ces édifices sont dus à un peuple qui en était à l'âge de pierre ou tout au plus à l'âge de bronze. Le cuivre, l'étain, l'argent, l'or, étaient connus, mais non le fer, qui aurait été plus utile. Enfin, dernier indice à noter, les ruines paraissent plus récentes et moins bien travaillées à mesure que l'on avance du sud au nord. Les mêmes archéologues qui veulent que Palenqué et Copan remontent à des milliers d'années admettent fort bien que les monuments mexicains aient été bâtis par les Toltèques ou même par leurs successeurs, c'est-à-dire entre le VIe et le XVe siècle. De là cette conséquence que le tout ne peut provenir d'une nation unique, originaire du nord-ouest, qui se serait avancée d'étape en étape, faisant à chaque pas de nouveaux progrès. Mayas et Nahuas sont des peuples différents, de souche commune peut-être, mais qui se sont développés parallèlement. Le problème de leur origine n'en devient pas d'une solution plus aisée.

Des ruines d'un tout autre genre subsistent dans les provinces de Chihuahua, d'Arizona et du Nouveau-Mexique, sur les confins de la république mexicaine et des États-Unis. Les pyramides, la décoration architecturale, les sculptures disparaissent, les édifices n'ont plus le caractère de temple ou de mausolée, les inscriptions sont moins soignées. De grands murs à plusieurs étages semblent avoir été la clôture d'une forteresse. Quelquefois il y a plusieurs enceintes concentriques, et l'on passe de l'une à l'autre par des échelles au lieu de portes. C'est sous cet aspect fruste que se présentent les *casas grandes* au confluent du Colorado et du Gila. On l'a vu, les habitants modernes de ce pays forment des groupes distincts ; les uns, nomades, vivent en plein air ; d'autres, sédentaires, ont pour demeure des *pueblos* ou villages fortifiés dont la disposition rappelle ces monuments du passé. Que les Aztèques aient occupé cette région avant d'envahir l'Anahuac, que ces monuments soient les vestiges de ce qu'ils savaient faire avant d'avoir reçu la civilisation du midi, ce n'est qu'une conjecture appuyée sur de vagues traditions locales. Le seul point hors de discussion est que le bassin du Rio-Colorado fut jadis plus peuplé qu'il ne l'est aujourd'hui, et cependant les Indiens n'y ont guère été troublés, car les hommes de race blanche y ont peu pénétré jusqu'à ce jour. D'où vient donc cette décadence ? Est-ce le climat qui est devenu plus sec, rendant le sol moins fertile ? Cet abandon fut-il causé par une invasion de barbares ? Questions insolubles avec les renseignements que l'on possède, comme tant d'autres questions que se pose l'antiquaire américain. Il est bon d'observer que le territoire dont il s'agit est moins connu que les autres parties du Mexique ou des États-Unis, parce que les Apaches ne font pas grâce aux voyageurs qui s'y aventurent. Le gouvernement de Washington y a envoyé récemment plusieurs explorateurs qui ont été plus heureux, mais qui n'y ont découvert que des vestiges d'une civilisation primitive.

En dehors des régions dont il vient d'être question, il n'y a plus d'autres traces que celles laissées par des populations d'une culture imparfaite. Dans la Californie et l'Orégon, deux provinces que les hommes de race blanche ont colonisées avec une rapidité prodigieuse, il n'y a pas de ruines que l'on puisse rapporter à des peuples plus avancés que ceux qui l'habitaient seuls il y a trente ans. Des mortiers de pierre, des travaux de mine, des murs en pierre brute, des inscriptions informes gravées sur le roc, voilà tout. Plus loin encore, dans le nord-ouest, apparaissent des amas de terre ou de pierres qui semblent être des sépultures. Au delà, dans l'Alaska, il n'y a plus rien. Les tribus qui y vécurent jadis n'ont laissé nul témoignage de leur existence ; celles d'à-présent n'en laisseront pas davantage.

Il n'en est plus de même dans la partie orientale du continent. Partout, du lac Érié au golfe du Mexique, et surtout dans les vallées du Mississipi et de l'Ohio, se montrent des tertres, de forme et de dimensions variées, les uns coniques, d'autres en pyramides, quelques-uns représentant en plan l'image des animaux ou de l'homme comme des bas-reliefs gigantesques modelés sur le terrain. Il y en a des milliers dans les états du centre de l'Union américaine ; au nord, ils sont rares, au Canada, il n'y en a presque pas. Il a donc existé jadis dans cette région un peuple dont l'industrie se manifestait par des constructions de ce genre. Il vaut la peine d'examiner avec détails ce que furent ces monuments, comment ils sont distribués, à quel usage ils furent destinés.

Dans le bassin du Mississipi, les vallées offrent trois ou quatre terrasses successives produites par l'érosion des eaux. Les ouvrages en terre dont il est question se voient sur les terrasses les plus élevées, jamais sur le niveau inférieur de la vallée, d'où l'on pourrait conclure peut-être qu'ils datent d'une époque à laquelle ce niveau était moins bas qu'aujourd'hui. Le site que préféraient les hommes de ces temps reculés était le confluent de deux rivières. Les matériaux employés sont ce que fournit sur place le sol naturel, c'est-à-dire de la terre, des fragments de rocher ; il n'y a pas trace de pierres taillées ou superposées avec art, ni de briques cuites au soleil, comme on en voit beaucoup dans les provinces méridionales. Le plus souvent, un fossé creusé au long du remblai en a fourni la substance. Si le lieu choisi est un mamelon, le tertre en couronne le sommet, en suit les contours, avec des brèches en guise de portes aux endroits les plus accessibles. Dans ce cas, il est peu contestable que le tertre est une fortification. Bien plus, on observe que le chemin qui conduit à la rivière voisine est protégé de part et d'antre par, un rempart. Ailleurs les remblais affectent une forme géométrique tout à fait correcte ; ce sont des cercles ou des carrés aussi réguliers que s'ils avaient été piquetés par un ingénieur moderne. La superficie enclose est toujours considérable ; elle mesure plusieurs hectares : c'est en plaine que l'on aperçoit les ouvrages de cette sorte, auxquels les savants modernes attribuent un caractère religieux. Parfois se présentent des pyramides tronquées dont le sommet est une plate-forme sur laquelle il y a des cendres et des ossements calcinés, des objets divers. On suppose que chacun de ces monticules fut le soubassement d'un temple analogue à ceux de l'Anahuac, seule analogie du reste qui se puisse établir entre les reliques de l'un et de l'autre pays. On n'y retrouve pas de pierres taillées ; peut-être, s'est-on dit, les hommes de ce temps ne savaient-ils bâtir que des édifices en bois. Cependant on serait tenté de croire que les constructions en pierre sont antérieures partout aux constructions en bois. Il existe encore dans l'Illinois un de ces tertres dont la base a 210 mètres sur 150 de côté, avec une hauteur de 27 mètres au-dessus du sol naturel, en sorte que le volume de terre remuée que cela suppose n'est pas inférieur à 750.000 mètres cubes. Souvent le monticule est conique, c'est-à-dire qu'il n'y a pas de plate-forme au sommet. Enfin quantité de tertres ont peu de hauteur, mais une grande surface, avec des contours qui rappellent les images les plus diverses. Ici, c'est un oiseau les ailes étendues ; là, c'est un alligator, le corps ployé, la queue recourbée, la bouche ouverte comme s'il allait avaler un tertre plus petit, de forme ovale, placé devant lui. Tels sont les singuliers monuments que l'on rencontre par milliers aux États-Unis, dans les contrées les plus fertiles, rapprochés les uns des autres, non sans intention toutefois.. L'Ohio paraît avoir été le centre des peuplades inconnues, les *Mound-Builders*, qui les érigèrent. Au sud, les pyramides tronquées sont plus abondantes ; au nord, et en général sur les frontières du territoire occupé, par ces peuplades, les enceintes fortifiées sont plus fréquentes. Les archéologues américains n'ont pas manqué d'y faire des fouilles ; quelquefois même on a coupé un tertre pour une route ou pour un chemin de fer. On en a déterré beaucoup de choses : des ossements, des silex taillés, des poteries souvent élégantes, des pipes sculptées avec soin. Les seuls métaux découverts sont le cuivre et l'argent, surtout le cuivre, que fournissaient sans doute les mines du Lac-Supérieur. Il est difficile au surplus de discerner si ces restes proviennent des *Mound-Builders* eux-mêmes ou bien s'ils y ont été déposés à une époque plus récente. Les Indiens ont toujours manifesté une sorte de vénération pour les monticules dont leur territoire est si bien garni. Leur attribuant une origine mystérieuse, ils en ont fait des lieux sacrés et y ont enterré leurs morts. Il y a donc eu jadis dans le bassin du Mississipi un peuple nombreux, vivant sous l'empire des mêmes lois, de la même religion, puisqu'il a laissé des marques identiques de son existence sur une surface de grande étendue. Il labourait la terre selon toute apparence, car les tribus adonnées à la chasse ou à la culture pastorale sont nomades et n'élèvent pas de monuments ; d'ailleurs le territoire dont il s'agit est le plus fertile qu'il y ait dans l'Amérique du Nord. Ce peuple ne savait tailler ni la pierre ni le bois ; peut-être les outils lui faisaient-ils défaut : le cuivre et l'argent ne se retrouvent qu'en masses non travaillées. Un certain sentiment esthétique se révèle par le tracé des enceintes sacrées et par les poteries que l'on en exhume. Cependant, à en juger par leurs terrassements gigantesques, les *Mound-Builders* avaient plus de persévérance que d'adresse. Qu'ils fussent civilisés pour le temps où ils vivaient, ce n'est pas contestable ; ils étaient religieux aussi, puisqu'ils ont laissé des édifices qui ne peuvent avoir servi qu'au culte divin, et cruels sans contredit, car les emplacements de leurs autels témoignent, à n'en pas douter, que les sacrifices humains leur étaient habituels. Il n'y a rien dans les traditions indiennes qui permette de croire que les indigènes actuels soient leurs descendants. Depuis quelle époque ont-ils disparu ? Le problème est des plus obscurs ; les monuments en terre ne se dégradent guère plus en cinq cents ans qu'en cinquante siècles. Furent-ils les ancêtres des Mayas et des Nahuas qui colonisèrent le Mexique et l'Amérique centrale ? Le seul rapprochement entre eux est la forme pyramidale de certains édifices, indice qui semblera fort vague à quiconque observe que la pyramide se montre aussi bien loin de là, sur les bords du Nil, à l'aurore d'une autre civilisation. Au surplus, s'il y avait identité entre ces populations primitives de l'Amérique septentrionale, pourquoi les territoires intermédiaires du Texas, de l'Arizona, n'auraient-ils pas conservé la trace de leur migration vers le sud ? Il y a chez les Peaux-Rouges une légende lugubre qui se rapporte peut-être aux peuples constructeurs des tertres. Plusieurs siècles avant l'arrivée des Européens, une nation d'hommes blancs aurait été écrasée par ses ennemis dans la vallée de l'Ohio. Le Kentucky, théâtre de cet affreux carnage, aurait conservé chez les Indiens le surnom de « terre sanglante. » Les monticules situés dans cet état offrent un aspect inachevé qui atteste que l'œuvre des architectes fut brusquement interrompue. On veut même que les tribus natives les moins rebelles à la propagande européenne, les Natchez par exemple, aient été les survivants de cette nation vaincue. Nul ne saurait dire ce qu'il y a de vrai dans cette histoire mystérieuse.

Il semble probable, en résumé, qu'il y a eu dans l'Amérique du Nord plusieurs centres de civilisation indépendants les uns des autres. S'ils furent contemporains ou successifs, la science archéologique est encore impuissante à le démontrer. L'Amérique du Sud, moins connue jusqu'à ce jour, ne fera sans doute que compliquer la question lorsqu'on l'aura mieux étudiée. Ce que l'on sait déjà des anciens Péruviens dénote un état social analogue à celui des Mayas, quoiqu'en réalité dissemblable par les détails. Ainsi les habitants du Pérou étaient mieux approvisionnés en métaux utiles ou précieux, même une tribu connaissait le fer. Leurs monuments, les poteries, les bijoux, les armes que l'on en retire ne rappellent guère les objets similaires du Yucatan. Les Incas se distinguent notamment de leurs compatriotes du nord par la construction de grandes routes qui franchissent les ravins sur des remblais entre deux murs de maçonnerie et les fleuves au moyen de ponts suspendus. Prétendra-t-on que tous ces peuples sortirent d'une souche unique ? Alors il faudrait admettre qu'ils se dispersèrent au temps où ils étaient encore sauvages. Ni leur architecture ni leur langage, ni leurs traditions ni leur mythologie n'indiquent une origine commune. Au surplus, on serait encore embarrassé d'éclaircir le mystère de cette origine. Les hypothèses auxquelles les savants se sont livrés sont toutes insuffisantes par quelque point.

## III

Aux premières nouvelles de la découverte d'un nouveau monde, philosophes et théologiens se trouvèrent bien perplexes. Les doctrines de l'Écriture étaient-elles donc en défaut ? Cette Amérique qui surgissait tout à coup du néant pour ainsi dire, peuplée de races étranges dont personne ne comprenait la langue, couverte de plantes et d'animaux que l'on n'avait jamais vus ailleurs, ne venait-selle pas contredire les idées reçues ? Et si l'on voulait à toute force que cette autre création fût identique avec celle de l'ancien monde, comment et à quelle époque les espèces vivantes avaient-elles franchi l'océan ? Les mêmes problèmes se posent aujourd'hui avec plus d'indépendance d'esprit, mais non avec une moindre obscurité. C'est par d'autres moyens, il est vrai, que l'on en recherche la solution, car il n'est personne qui ne sourirait maintenant en entendant dire que Noé, par la grande expérience de l'art naval qu'il avait acquise à l'époque du déluge, fût capable de construire des vaisseaux de gros tonnage, et d'envoyer quelques-uns de ses petits-enfants au-delà de l'Atlantique.

Avouons d'abord que les légendes populaires sont ici d'un faible secours. La raison en est simple : ceux qui les recueillirent les premiers, après la conquête, pour les transcrire dans une langue européenne, furent des Espagnols ou des Indiens frais convertis à la religion chrétienne, que tourmentait le désir d'accorder ces légendes avec les récits bibliques. Presque toutes les tribus de l'Amérique septentrionale racontent que leurs ancêtres sont venus du nord, ou de l'est, ou de l'ouest, que le voyage fut long, qu'il fallut traverser de vastes plaines, des lacs, de hautes montagnes. En quel sens tout ceci doit-il être entendu ? Ce lac est-il l'Atlantique ? Ce long voyage a-t-il duré des jours ou des mois ? Pour quiconque n'a aucune idée des dimensions de notre planète, les bornes de l'horizon sont le bout du monde. Les traditions locales mentionnent presque toutes un grand déluge, auquel quelques hommes auraient seuls échappé par la protection divine. Ceci est trop vague pour que la science archéologique en puisse faire la base d'une théorie plausible. Les chroniques péruviennes parlent de géants qui seraient arrivés par mer et, après avoir dompté les indigènes, auraient construit des édifices magnifiques. Au Mexique, il est question d'hommes blancs, très barbus, vêtus de longues robes, qui seraient arrivés de l'Orient ; ces mystérieux missionnaires auraient enseigné aux habitants du pays l'architecture, les arts utiles, une nouvelle religion, après quoi ils seraient repartis à l'improviste sans qu'on ait su ce qu'ils étaient devenus.

Cependant il n'en a pas fallu davantage pour que l'on cherchât en Europe ou en Asie les origines de la civilisation américaine. Parmi les hypothèses émises, il en est trois qui se présentent avec plus de chances de succès : la civilisation qui a produit les monuments de Copan et de Palenqué serait venue de l'est avec les Phéniciens, ou du nord avec les Scandinaves, ou de l'ouest avec les Chinois. Examinons l'une après l'autre chacune de ces hypothèses, en commençant par la moins vraisemblable, celle qui attribue à des navigateurs sémitiques la découverte anticipée de l'Amérique.

Il n'est pas contesté que les Phéniciens furent les meilleurs marins de l'antiquité. Des colonies qu'ils fondèrent sur les rives de la Méditerranée, on en retrouve les débris soit dans les souvenirs de chaque pays, soit dans la nomenclature géographique, soit encore dans les récits que nous ont légués les écrivains grecs ; mais ces navigateurs étaient jaloux de tenir leurs découvertes secrètes, comme le furent deux mille ans plus tard les Espagnols et les Portugais. Ils cachaient avec soin leurs expéditions au dehors du monde méditerranéen, qui était alors le monde connu. On raconte que les relations de voyages entrepris au-delà des colonnes d'Hercule étaient déposées à Carthage dans un temple que les Romains détruisirent avec Carthage elle-même, se rendant coupables ainsi d'un acte de vandalisme qui nous a privés sans doute de précieux renseignements sur la géographie des temps primitifs. Que les Phéniciens aient connu les Canaries, Madère, les Açores, il y a lieu de l'admettre. Quelques-uns de leurs navires auraient même été poussés par la tempête jusqu'aux rivages d'une île mystérieuse traversée par des fleuves navigables et peuplée d'hommes qui vivaient dans l'abondance. Cette île est-elle l'Amérique ? Les souvenirs anciens des indigènes du Nouveau-Monde s'accordent-ils avec Se récit fantastique ? Lorsque Fernand Cortez envahit le Mexique, les habitants de ce royaume l'accueillirent comme s'ils attendaient son arrivée. Montézuma lui-même avoua que des hommes blancs, barbus et fort industrieux étaient annoncés par la tradition. Il en était venu jadis, ils étaient partis en disant qu'ils reviendraient. Deux légendes avaient cours à ce sujet. A une époque inconnue, mais fort reculée, un héros nommé Quetzalcóatl avait débarqué dans le fleuve de Tampico, venant de l'Orient avec ses compagnons. Ces étrangers payèrent l'hospitalité qu'on leur avait donnée en enseignant au peuple l'art de travailler les métaux et de sculpter les pierres ; puis ils repartirent en promettant de revenir. Quetzalcóatl aurait été l'initiateur des Mexicains. Un autre héros, Votan, aurait joué le même rôle chez les nations mayas. Arrivé par mer avec de nombreux émigrants, il aurait soumis toutes les tribus de l'Amérique centrale et leur aurait imposé des lois ; puis il serait retourné dans son pays natal et en serait revenu après avoir visité Rome, Jérusalem et la tour de Babel. C'est du moins ce que racontait en 1691 Francisco Nunez de la Vega, évêque de Chiapa, d'après un manuscrit hiéroglyphique que les Indiens se transmettaient de main en main depuis vingt siècles, à l'appui de quoi certains commentateurs modernes font observer que l'art grec ne désavouerait pas les édifices de Palenqué, ville construite par Votan, et qu'il y a dans les mythes mayas bien des analogies avec les religions et les mœurs de l'antiquité phénicienne ; mais il n'y a dans tout cela nulle preuve précise ; la langue, le plus sûr guide des recherches antéhistoriques, ne révèle aucune parenté lointaine entre les peuples dont il s'agit. Il n'y a là par exemple rien de comparable aux rapprochements ingénieux que l'érudition moderne a constatés entre le sanscrit ou le zend d'une part, et le latin ou l'allemand de l'autre. Il n'est pas sérieux de prétendre que le nom de *cannibales* vient du carthaginois Hannibal ; il est insuffisant de dire qu'en Phénicie, de même qu'en Amérique, les sacrifices humains étaient en honneur, et que dans les deux pays on jetait les enfants au feu pour apaiser le courroux des dieux. La colonisation de l'Amérique par les Scandinaves se présente-t-elle avec des témoignages plus solides ? Il est certain que les Islandais avaient découvert le Groenland et le Labrador au Xe et au XIe siècle de notre ère ; peut-être des navigateurs irlandais les avaient-ils précédés. Le fait est attesté par les sagas, récits héroïques de l'Islande dont l'authenticité n'est pas douteuse. Il y a deux cents ans, on a retrouvé au Massachusetts, sur les bords de la rivière Taunton, un bloc erratique de granit sur lequel des caractères bizarres sont gravés en creux. Il est impossible que ce soit l'œuvre des Indiens, qui, ne connaissant point le fer ni l'acier, n'auraient pu travailler le granit. Les savants modernes prétendent y trouver la preuve que les Scandinaves visitèrent autrefois ces rivages. Le fait est au fond très probable. Il est à supposer que la zone boréale était moins froide il y a mille ans qu'elle ne l'est aujourd'hui, que les mers du Groenland n'étaient pas encore encombrées de glaces, que par conséquent il n'était pas beaucoup plus difficile d'aller du Groenland au Labrador que de la Norvège en Islande et de l'Islande au Groenland ; mais les Islandais du moyen âge n'ont connu, d'après leurs propres récits, que l'extrême nord du nouveau continent. Ils n'ont eu de relations qu'avec les Esquimaux, qui ne sont même pas Américains à vrai dire ; à peine ont-ils entrevu les Peaux-Rouges. Lorsque survint une série d'hivers rigoureux qui chassa leurs navires des mers polaires encombrées de glaces, ils abandonnèrent la province mystérieuse de Vinland, où le hasard les avait conduits, ils en partirent sans avoir soupçonné les civilisations du Mexique et du Pérou. Si curieux que soient ces voyages transatlantiques du XIe siècle, il n'en est rien advenu qui ait modifié la population ou les mœurs de l'Amérique.

Humboldt, dont le voyage à la Nouvelle-Espagne fut presqu'une révélation, tant les observations qu'il y fit sont supérieures aux vagues descriptions des Espagnols, Humboldt crut découvrir une analogie frappante entre l'Inde et le Mexique. « La communication entre les deux mondes, dit-il, se manifeste d'une manière indubitable dans les cosmogonies, les monuments, les hiéroglyphes et les institutions des peuples de l'Amérique et de l'Asie. » L'assertion est précise ; par malheur, l'Asie était peu connue au temps du savant voyageur, et l'Amérique l'était moins encore. Le bouddhisme, dont il lui semblait retrouver la trace dans les ruines de l'Amérique centrale, n'avait pas encore été étudié comme il le fut depuis. L'hypothèse présentée par Humboldt a trouvé plus récemment des défenseurs convaincus. Il en est même qui ont prétendu reconnaître dans les annales chinoises la mention de voyages effectués entre l'Asie et le Nouveau-Monde longtemps avant Christophe Colomb.

Li-Yan, historien chinois, qui vivait au VIIe siècle de notre ère, parle d'un pays nommé Fou-Sang, situé à 40,000 *li* de la Chine vers l'Orient. Un prêtre bouddhiste de Samarcande y avait été et en était revenu. Il semblerait même que les voyages entre le Fou-Sang et la Chine étaient fréquents. Ce que la chronique en raconte s'accorde peu, il est vrai, avec ce que nous connaissons de la côte occidentale de l'Amérique ; elle parle de chevaux, il n'y en avait point dans le Nouveau-Monde avant l'arrivée des Espagnols. Ces voyageurs asiatiques auraient propagé le bouddhisme dans les contrées qu'ils avaient découvertes ; or on ne retrouve rien d'analogue en Californie ou dans l'Orégon, et les analogies que Humboldt croyait découvrir entre les monuments du Mexique et ceux de l'Inde ou du Thibet sont au moins douteuses.

Qu'il y ait eu des communications même fréquentes entre le Japon et l'Amérique avant les temps modernes, personne n'oserait le nier, car le hasard seul pousse souvent les barques japonaises jusqu'aux rivages de la Californie. M. Bancroft rapporte, d'après un observateur consciencieux, que depuis 1852, c'est-à-dire depuis que la Californie est colonisée par la race blanche, on a recueilli vingt-huit navires asiatiques sur ce littoral, dont douze seulement étaient vides. Le courant froid qui sort de l'Océan-Arctique par le détroit de Behring ramène vers le continent américain toutes les barques égarées dans le Pacifique. Nous ne refuserons donc pas d'admettre que des naufragés chinois ou japonais ont été jetés par les vents sur les côtes du Nouveau-Monde, qu'ils y ont apporté leur industrie, leurs idées religieuses, quelques mots de leur langage, et même que certains d'entre eux ont eu plus tard la chance de retourner dans leur pays d'origine, mais que cette émigration accidentelle ait eu une influence sensible sur la civilisation des contrées, telles que le Mexique, le Yucatan, le Pérou, situées bien plus au sud, c'est ce que rien ne démontre. Admettons que les bouddhistes ont connu la Californie, de même que les Islandais ou les Irlandais visitèrent le Canada avant Christophe Colomb, que l'on découvrira peut-être quelques vestiges de leur passage, cela ne suffit pas à expliquer l'origine des monuments de Copan ou de Palenqué.

Il faudrait retrouver les traces d'une migration en masse comparable à celle qui pousse les Européens vers l'Occident depuis trois cents ans, ou bien encore à celles si nombreuses qui ont renouvelé la face de l'Europe au commencement de l'ère chrétienne. Dans les temps de barbarie, les migrations de ce genre ne s'opéraient jamais que par terre, ou du moins elles ne franchissaient » que des bras de mer d'une faible étendue. Les

Esquimaux eux-mêmes en sont un exemple. Ce peuple curieux qui occupe toutes les terres arctiques, depuis le Kamtschatka jusqu'au Groenland, en passant par l'Alaska, la baie d'Hudson et le Labrador, se montre partout avec les mêmes coutumes, avec une langue uniforme, avec les mêmes caractères physiques. Il n'est pas nécessaire d'aller plus loin pour constater que l'Asie a fourni des habitants à l'Amérique. Seulement les Esquimaux se confinent dans la région polaire : ils y vivent à l'état sauvage. Entre eux et les Indiens Peaux-Rouges, surtout entre eux et les peuplades civilisées de l'Anahuac, il y a des différences que le climat n'explique point ; ou mieux encore, il n'y a nulle analogie que l'archéologue, le linguiste, l'ethnologue puisse apercevoir.

Ainsi, de quelque côté que l'on se tourne, il est impossible d'assigner une origine vraisemblable à la civilisation de l'Amérique centrale. Il n'y a autour d'elle que des déserts ou des océans. Son passé est obscur, puisqu'elle n'a pas laissé d'histoire authentique. Est-elle exotique ou indigène ? Nul ne le saurait dire. La tradition rapporte que des hommes blancs, barbus, sont arrivés à diverses époques ; ces instructeurs providentiels, Votan ou Quetzalcoatl, venaient de l'Orient. Il n'y a peut-être au fond de cette croyance populaire que le souvenir d'un naufrage. Un navire européen aura été jeté à la côte, entraîné par la tempête en dehors des voies habituelles du commerce. Les indigènes auront recueilli quelque jour sur le rivage de l'Atlantique des Européens vigoureux, bien vêtus, à demi-noyés peut-être, qu'ils auront accueillis comme des êtres envoyés du ciel. Il ne serait pas extraordinaire que quelques-uns de ces marins, échappés à la mort, se fussent fixés dans le pays, où ils seraient devenus de grands personnages, presque des apôtres. Ainsi naissent les légendes qui se propagent ensuite à la faveur de la crédulité publique.

Sous quelque face qu'on l'envisage, le problème des antiquités américaines se présente avec une égale obscurité. Ne le dissimulons pas ; cela tient en partie à l'incompétence des hommes qui s'en sont occupés. Comment l'origine des peuples indo-européens s'est-elle si bien éclaircie depuis un demi-siècle ? Des savants de tous pays, français, allemands, anglais, ont parcouru l'Inde et la Perse, ils ont étudié les langues indigènes, interprété les livres sacrés de ces contrées lointaines ; les renseignements qu'ils avaient recueillis ont été discutés, les conjectures aventureuses ont fait place peu à peu à des théories plus sages. Les érudits ont su de même restituer d'après des monuments écrits l'histoire perdue de l'Égypte et de la Chaldée. Une exploration consciencieuse des localités, l'étude des langues modernes que l'on y parle, voilà les matériaux que des hommes de génie ont mis en œuvre pour reconstituer les annales obscures de l'ancien monde.

En Amérique, il faudrait suivre la même marche pour arriver au même résultat ; mais les difficultés sont plus grandes, au moins en ce moment. L'exploration des antiquités mexicaines, encore incomplète, présente des obstacles presque insurmontables ; notre longue expédition du Mexique n'a servi presqu'à rien sous ce rapport, c'est triste à dire. La population actuelle de ce beau pays ne manifeste aucune aptitude scientifique. Aux États-Unis, il y a moins d'indifférence pour les recherches archéologiques ; mais le territoire de l'Union est immense, les érudits, peu nombreux d'ailleurs, y ont beaucoup à faire ; toutefois il serait injuste de méconnaître les progrès que l'érudition y a faits en ces dernières années. Les dernières explorations de l'Arizona et du Colorado par des officiers de l'armée fédérale, témoignent que les Américains du Nord ne se laissent pas absorber par des préoccupations utilitaires. Mais le terrain est immense, et un peuple neuf se trouve embarrassé d'avoir à explorer un si vaste continent.

C'est donc en Europe encore que les études américaines ont leurs plus fervents disciples. Au mois de juillet 1875, un congrès international des américanistes se réunissait à Nancy. Le programme des questions qui y furent discutées se résume à peu près dans les pages qui précèdent. On n'oserait affirmer que l'archéologie américaine ait fait beaucoup de progrès en cette réunion solennelle. Ce qui vaut mieux, les questions y ont été bien posées. Comme il arrive toujours dans un débat auquel le gros public est admis, on a vu s'y produire des faits contestables, des théories invraisemblables. Cependant des érudits dont la voix fait autorité ont replacé la discussion sur le terrain qui lui convient. MM. de Rosny, Foucaux, les docteurs Daily et Joly, de Hellwald, se sont accordés pour combattre toutes les thèses douteuses, toutes les solutions prématurées. A les en croire, il n'y a encore aucune raison de penser que l'Amérique ait été peuplée dans les temps primitifs par les Chinois, ou par les Phéniciens ou par les Scandinaves. Rien ne prouve que la civilisation de l'Anahuac et du Yucatan soit issue de l'Inde ou de l'Égypte. Le seul point qui soit bien établi est que les preuves font défaut. Autant dire que le champ reste ouvert à toutes les conjectures. Pour ce motif, il en est une que l'on ne saurait passer sous silence : c'est celle qui soutient que l'apparition de l'homme sur la terre est antérieure aux dernières révolutions du globe. Que les montagnes et les mers aient été produites par des convulsions subites de l'enveloppe terrestre, comme l'enseigne la géologie classique, ou qu'elles soient le résultat de mouvements lents et progressifs, suivant le dire des partisans de l'évolution, l'homme aurait vécu à une époque où les continents avaient une forme bien différente de celle qu'ils présentent aujourd'hui. Il y aurait eu alors une grande île entre l'Europe et l'Amérique, l'Atlantide, dont Platon parle quelque part. Sur cette île, qui était une des plus belles régions du monde, vivait un peuple instruit et civilisé auquel les Chaldéens et les Égyptiens, de même que les habitants préhistoriques de l'Amérique centrale, auraient emprunté la majeure partie de leurs connaissances. On s'expliquerait par là que l'usage de bâtir des pyramides se retrouve en Amérique comme sur les bords du Nil, qu'il y ait des traditions et des mœurs communes entre des peuples que sépare l'Atlantique. Les indigènes des Canaries, vulgairement appelés Guanches, seraient les derniers survivants des Atlantes. Par malheur, cette belle hypothèse ne repose que sur les plus vagues indications. Le gouffre profond dans lequel descend la sonde entre les Canaries et les Açores ne décèle aucun vestige d'un continent disparu. La linguistique ne se prête à aucun rapprochement entre nos idiomes et ceux du Nouveau-Monde.

Il est d'autres savants qui veulent tout simplement que les Américains primitifs aient été des autochtones, enfants de leurs propres œuvres, à qui la civilisation de nos ancêtres n'aurait rien donné ni rien emprunté. L'Amérique aurait été un centre de création. « Dieu a créé des mouches en Amérique, a dit Voltaire, il a bien pu y créer des hommes. » Des écrivains plus sérieux observent simplement que la présence de l'homme et des animaux utiles s'explique à la rigueur par une migration, mais que cette explication est en défaut pour les animaux nuisibles. Les Américains se seraient alors développés à l'écart ; seuls, ils auraient trouvé le langage, découvert les arts utiles, conçu des mythes, établi des lois morales ou politiques, et tout cela cependant aurait une certaine analogie avec les institutions similaires des citoyens de l'ancien monde parce que l'homme, toujours semblable à lui-même, a partout les mêmes idées, aboutit partout aux mêmes résultats.

# Chapitre 2

## *L'histoire d'un continent à l'autre[2]*

On ne connaît d'une manière certaine que deux déplacements d'hommes à travers les mers de séparation. D'un côté, les Eskimaux du littoral polaire américain et de l'Alaska ont franchi le détroit de Bering pour s'établir sur les côtes de la Sibérie ; de l'autre, les Normands de la Scandinavie et de l'Islande ont débarqué, vécu, fondé des colonies dans le Groenland et dans les terres nord-orientales de l'Amérique du Nord. Voilà les faits nettement établis, mais en outre, les migrations volontaires ou involontaires de Tchuktchi et d'Eskimaux, de Japonais et de Polynésiens ont été trop nombreuses pendant la période des quatre cents dernières années, soit à travers le détroit de Bering, soit par les chemins tempétueux de la mer, pour que l'on puisse émettre le moindre doute au sujet d'anciens voyages accomplis par des

---

[2] Basé sur les travaux d'Elisée Reclus, dans *L'Homme et la Terre.*

Asiatiques vers les rives du Nouveau Monde, ou par des indigènes américains vers l'Asie centrale : un père jésuite, visitant la Tartarie au seizième siècle, rencontra une femme Huron qui avait été vendue de tribu en tribu et avait parcouru près de la moitié de la circonférence terrestre. Des industries diverses, tissage d'étoffes, cuisson des argiles, fabrication du bronze, peuvent avoir été ainsi introduites dans les terres du double continent.

Il est très naturel d'admettre qu'il y eut des échanges de procédés et d'idées, puisque la mer et les vents, même indépendamment de la volonté des individus, mirent souvent en relations directes les représentants de races diverses. Un jeu compliqué, devenu le tric trac des Européens, fournit une preuve des relations entre l'Asie et l'Amérique : on le retrouve sous des formes très similaires chez les Hindous et les Birmans, qui le nomment Patchiti ou Patchit, et chez les anciens Mexicains, qui le connaissaient sous le nom de Patolli. Le naturaliste Ten Kate croit avoir trouvé un témoignage de ces anciennes relations à la pointe méridionale de la péninsule californienne, où vivaient encore des négroïdes mélanésiens. En outre, un fait très important comme indice de parenté des races a été récemment découvert. On a constaté l'existence de taches pigmentaires bleuâtres dans la région sacro-lombaire des nouveau-nés de la plupart des nations malaises et sino-japonaises qui peuplent le pourtour de l'océan Pacifique, et ces mêmes taches se retrouvent chez les enfants Eskimaux, jusque dans le Groenland, Comment, pense-t-on, ne pas voir en ce trait commun une preuve de parenté ?

Les étendues immenses du Pacifique, séparant les côtes de l'Amérique méridionale et celles des grandes terres océaniennes, ont dû empêcher toute communication active pendant la période géologique contemporaine ; mais, sans remonter jusqu'aux âges qui donnèrent à l'Argentine une partie de la flore du Gondivana de l'Inde et de la faune australienne, il est certain que des relations continues furent établies, et probablement à une époque où les contours des masses continentales différaient des formes actuelles, entre l'Amérique du Sud et les îles occidentales.


Sur les bords du rio Negro de Patagonie et dans le pays des Calchaqui, au nord-ouest de la République Argentine, on a trouvé des crânes reproduisant incontestablement le type papoua ; les fouilles de Cuzco au Pérou, celles de Santiago del Estero en Argentine ont fait découvrir des instruments de pierre d'origine maori ; des massues en bois sculpté, entièrement semblables à celles des iles Marquises, proviennent des ruines inca des environs de Truxillo et de divers autres lieux de la côte occidentale de la Colombie jusqu'au Chili. Le musée de Lima contient une rame de type samoan admirablement sculptée, que l'on a trouvée au Pérou.

C'est donc par cette antique voie maritime, non utilisée depuis des âges inconnus, qu'auraient pu se transmettre aussi diverses peintures et sculptures symboliques dont l'origine semble Asiatique : telles les svastika, qui ne diffèrent point de celles de l'Inde et du Japon, tel aussi le *taïki* des ruines de Copan, qui est essentiellement l'image vénérée des Chinois représentant à la fois le principe mâle et le principe femelle, la force et la matière, la foudre et la pluie. Quoi qu'il en soit, et malgré le silence absolu de l'histoire précise, bien que les commentateurs modernes aient prouvé la non-identité du Mexique avec le Fu-sang des annales chinoises, il n'en reste pas moins constant, d'après les objets trouvés dans les fouilles, qu'il y a eu des rapports directs entre les terres de l'Extrême Orient et celles de l'Extrême Occident. En outre, l'hypothèse d'un mouvement de peuples européens vers le monde occidental n'est pas de celles qu'on puisse rejeter sans phrases, car il y eut jonction des terres entre les deux parties du monde pendant les temps quaternaires jusqu'à l'époque paléolithique. Le renne passa par cet isthme, et le berger put passer à sa suite.

Les annales retrouvées çà et là et les souvenirs que conservaient les Américains vaincus ont permis de reconstituer quelques traits de l'histoire précolombienne du Nouveau Monde. Il est aussi des indications qui ressortent des conditions géographiques du double continent : l'état de civilisation des indigènes devait correspondre aux avantages du milieu que leur présentait la nature et se trouvait écrit par avance à la surface du sol. Ainsi nulle nation, grande soit par le nombre, soit par le développement de l'intelligence, n'eût pu se développer dans les clairières de l'immense selve amazonienne, où les communications naturelles par terre à travers les marais, les fourrés de lianes et les vasières sont rendues presqu'impossibles, où l'on ne peut guère voyager que par eau, en des régions dont les produits nourrissent l'homme assez pauvrement, mais sans le solliciter au grand effort pour améliorer sa vie. Au nord-est et au sud de ces vastes étendues forestières, d'autres régions de plaines sont également peu favorables à la naissance et à la croissance de peuples prospères ; ce sont d'un côté les *llanos*, de l'autre les *pampas*, espaces inter-fluviaux manquant de l'humidité nécessaire et où la non-existence d'animaux domesticables bœuf, brebis, cheval ou chameau, ne permettait même pas la formation de tribus nomades comme celles des Arabes ou des Mongols. Plus au sud encore, les grands déserts de pierre du versant oriental de la Patagonie tenaient les rares habitants dispersés dans les territoires de chasse et, vers la pointe du continent, les glaciers, les éboulis, les moraines, les roches, abruptes et les forêts devaient aussi réduire la surface des terres, d'ailleurs avares, où les derniers des indigènes menaient leur rude existence. Dans le grand triangle de l'Amérique méridionale, certains plateaux des Andes non encombrés de neiges ou de laves, ou non revêtus d'infranchissables forêts, ainsi que diverses régions intermédiaires entre la plaine et la montagne étaient donc les seules contrées qui pussent favoriser le développement de tribus en nations policées, grâce aux bonnes conditions du sol et du climat, à l'ampleur et à la cohésion suffisante du territoire.

Le semis des Antilles, petites et grandes, présente une variété singulière de formes avec une diversité correspondante de conditions faisant de l'île ou d'une de ses parties un lieu de séjour pénible ou désirable ; mais la plupart de ces terres sont de véritables paradis par la beauté des paysages, l'abondance des eaux, la richesse de la végétation : à la vue de certifiées Antilles, on se demande si peut-être le spectacle que l'on a sous les yeux n'est pas le plus merveilleux de la planète entière ; à la splendeur des lignes et à l'éclat de la lumière, les Antilles ajoutent la facilité d'accès par une mer souvent calme, parcourue de vents réguliers : sans peine on se meut d'une île à l'autre, et c'est ainsi que purent se rencontrer et s'instruire mutuellement des gens de races, très différentes, venus du continent américain septentrional ou bien des terres serpentines qui se déroulent à l'ouest.

Malheureusement cette même libre entrée qui favorisait les amis laissait aussi pénétrer les ennemis, et des guerres d'extermination avaient souvent défait l'œuvre longue de la paix ; même des Caraïbes anthropophages, les « Cannibales » que rencontra Colomb, et qui venaient probablement de l'Amérique du Sud, où vit encore le gros de la race, s'étaient installés sur les côtes orientales de la grande île Espanola.

Malgré les retours vers la barbarie causés par les guerres atroces, des civilisations avaient pu naître du contact des immigrants de milieux différents. Le peu de détails que les premiers visiteurs espagnols ont pu nous donner sur les mœurs et la culture intellectuelle et morale des Cebuneyes d'Haïti et de Cuba suffit pour montrer que ces nations insulaires avaient depuis longtemps dépassé la sauvagerie primitive et que même elles étaient incomparablement supérieures, par la mansuétude, la bonté, l'esprit de justice, à l'atroce bande des aventuriers espagnols. Un de ces ravisseurs, Colomb, nous dit des Haïtiens qu'ils « aimaient leurs prochains comme eux-mêmes, et que leur parler, toujours très aimable et très doux, était accompagné de sourires ».

Mais l'œuvre d'extermination dans les mines, les plantations, les chantiers ou sous la dent des bouledogues, et en même temps la brutale indifférence des nouveaux venus à l'égard de tout ce qui n'était pas or ou n'en facilitait pas l'acquisition, fut si complète que la postérité n'a presque rien appris au sujet de ces pauvres nations antiliennes. En moins d'un demi-siècle, les millions d'hommes qui peuplaient les îles avaient disparu, ne laissant que de rares familles, cachées dans les retraites des montagnes. Telle fut l'oppression, terrible comme si le ciel s'était abattu sur les têtes des malheureux, que les indigènes déprirent de la mort comme d'une délivrance : ils mangeaient de la terre ou des cailloux, se nourrissaient de manioc non débarrassé de son suc vénéneux. Les Cebuneyes moururent, non seulement de fatigue et d'épuisement mais aussi de la volonté d'en finir. Les femmes cessèrent d'enfanter ou firent périr leur fruit afin que l'esclavage cessât avec elles.

Toutefois, la race à laquelle appartenaient les Cebuneyes ne fut point complètement exterminée, grâce à son extension en dehors des Antilles dans la masse continentale de l'Amérique. Les Maya de la péninsule quadrangulaire du Yucatan faisaient partie du même groupe de nations que les habitants de Cuba. Ils avaient le même aspect physique, le corps ample et massif, la figure large, le front rejeté en arrière par la manipulation que les mères leur faisaient subir dans le bas âge, et l'on dit qu'ils se distinguaient également par l'amour du labeur tranquille et les mœurs pacifiques. Mais ils avaient l'avantage d'être mieux protégés contre l'invasion. Plus éloignés de l'Espagne que leurs frères des Antilles, ils habitaient une terre basse, environnée de récifs et d'écueils, s'étendant jusqu'à perte de vue des côtes ; en outre, on ne pouvait les assaillir de tous les côtés à la fois comme les insulaires, et, en cas de défaite, il leur était facile de se retirer dans les forêts impénétrables de l'intérieur ; d'ailleurs les marins espagnols évitèrent, pendant plusieurs décades après la découverte, de se hasarder dans les fourrés du continent. En leur domaine bien délimité du Yucatan, les Maya purent développer en paix leur civilisation d'une manière plus originale et plus complète que les Cebuneyes, quoique ceux-ci fussent arrivés déjà, dit-on, à un degré remarquable de culture. Grands navigateurs, ils s'aventuraient fort loin sur les eaux en de larges embarcations qui pouvaient au besoin contenir toute la population — des centaines d'individus — vivant d'ordinaire dans les *barahaques* ou maisons communes. Comme les Chinois, ils avaient appris à domestiquer des animaux pour la pêche, retenant au moyen d'une corde un poisson à ventouses, le fameux *pegadon* (Echepeis naucratis) ; qu'ils lançaient contre la tortue franche et ramenaient dans leur barque avec sa victime.

De même que le continent du sud, celui du nord américain ne pouvait fournir de sol favorable à l'éclosion d'une civilisation prospère que dans la moindre partie de son étendue. Les côtes du Groenland, celles de l'Archipel polaire hébergeaient seulement quelques pêcheurs clairsemés, et ceux-ci n'eussent même pu résister aux causes de désagrégation et de mort s'ils ne s'étaient entraidés contre le mauvais sort par la plus étroite solidarité. Dans l'épaisseur du continent, les interminables plaines glacées du « grand Nord », où ne croissent même plus les arbres nains, sont parcourues, il est vrai, par de rares tribus d'indiens, qui se nourrissent d'animaux broutant la mousse, mais c'est merveille de voir des hommes réussissant à maintenir le souffle quand même en des pays si froids, si âpres et privés de toutes ressources. Sous les latitudes tempérées, où le ciel est plus doux, diverses régions sont défavorables à l'homme, soit à cause de leurs côtes basses et de leurs marais difficiles à franchir, telles les flèches littorales et les vasières des Carolines, soit à cause de leurs lacs, qui transforment toute la contrée en un labyrinthe, comme certaines parties du Canada, du Michigan, du Wisconsin, ou bien encore par l'épaisseur des forêts, où manque toute variété renouvelant le cours des travaux et les habitudes de la pensée, comme presque tout le territoire Laurentin. Et les grandes plaines de l'Ouest, presque sans eau, pouvaient-elles être guère habitées par d'autres que des chasseurs nomades ? Et les plateaux salins ou neigeux des Rocheuses ! Rares étaient les oasis où parvenaient à se blottir les peuplades éparses, incapables de s'installer quelque part en un groupe formant une nation.

Ainsi qu'en témoigne une carte de la densité de la population, c'est au tiers environ des États-Unis que l'on peut évaluer la surface des diverses régions où les habitants jouissaient de conditions telluriques et climatiques favorables à leur développement, à condition toutefois qu'ils ne fussent pas en état de guerre incessante et que leur activité ne consistât pas à s'exterminer mutuellement. Parmi les peuplades de Peaux Rouges, les plus heureuses paraissent avoir été celles qui vivaient au bord des estuaires poissonneux, tandis que les chasseurs, à l'étroit dans leurs forêts où la part de nourriture nécessaire à l'homme représente un grand domaine de vénerie, entraient souvent en lutte sur les confins de leurs territoires respectifs. Les tueries, les destructions de campements et les migrations lointaines, entraînant toujours avec la déperdition de forces un recul de la civilisation, étaient les événements les plus communs de l'histoire précolombienne ; cependant maintes institutions locales, sauvées du naufrage de la race, de même que les discours, les proverbes et les chants, nous montrent que l'esprit des indigènes s'était élevé à une grande hauteur de pensée et qu'il avait acquis une rare profondeur dans la connaissance des passions. À ce point de vue, nul groupe ethnique n'est plus intéressant que celui auquel les sociologues nord-américains ont donné le nom d' « Amérindiens », peu agréable à prononcer et, par cela même, condamné sans doute à ne pas entrer définitivement dans la langue scientifique.

Dans le continent septentrional du Nouveau Monde, la civilisation la plus nettement caractérisée fut celle du peuple mexicain, et, précisément, le plateau que l'on a désigné dans son ensemble par le nom d'Anahuac appartenant spécialement à une portion du territoire, constitue une forte individualité géographique, dont les traits aident à comprendre les destinées de la nation.

Vers son extrémité méridionale, ce plateau se dresse comme un rempart et présente des escarpements difficiles à gravir qui, du bord de la mer, s'élèvent jusque dans la région des neiges et qu'enceignent, comme des écharpes de couleurs différentes, autant de climats distincts, formant barrière aux populations respectives des diverses altitudes. Il en résultait que les résidants du plateau, enfermés dans la haute enceinte, n'avaient guère à craindre les assauts des peuples de la zone inférieure. En premier lieu, ils étaient de beaucoup supérieurs en nombre, grâce à la nature de leur sol tempéré, qui partout était propre au défrichement et à la culture ; ensuite ils devaient à cette prédominance de densité la naissance de grandes villes et de classes industrielles ingénieuses à tous les travaux, entr'autres ceux de la défense, tandis que les tribus parsemées dans les terres chaudes du littoral, et n'ayant point à travailler pour leur nourriture, restaient dans la paresse intellectuelle primitive, ne songeant guère à l'escalade des hauts sommets et à l'attaque de leurs défenseurs. Aussi, lorsque les conquérants espagnols gravirent le plateau, se trouvant, eux, en des conditions spécialement favorables pour l'offensive puisqu'ils avaient le cheval et les armes à feu, ils constatèrent que l'empire de Montezuma, établi dans le bassin fermé de Mexico, comprenait la plus grande étendue des pentes extérieures jusqu'aux deux mers : l'initiative de la conquête avait appartenu aux montagnards, de même qu'en tant d'autres endroits des Andes, de l'Himalaya, des Alpes.

Il est vrai que du côté du nord, le plateau du Mexique, enserré entre ses deux chaînes bordières qui suivent, l'une le littoral du Pacifique, l'autre celui du golfe mexicain, s'ouvre largement vers le haut bassin du rio Grande. Dans cette direction, le relief du sol n'oppose pas d'obstacle aux migrations et aux conquêtes, aussi des ressemblances de race et de mœurs témoignent-elles de la parenté des populations. Il est certain que des mouvements ethniques ont eu lieu dans le sens du nord au sud des plaines du Mississippi vers l'entonnoir que présente le plateau du Mexique, graduellement rétréci dans la direction du sud-est (Bandelier). À une époque antérieure, alors que les glaciers des

Rocheuses et des autres systèmes montagneux de la contrée avaient empli de lacs les vallées et répandu de toutes parts des eaux courantes, les espaces devenus arides et déserts qui séparent le Far-west américain du plateau tempéré de l'Anahuac étaient parmi les plus agréables de la Terre, et les nations émigrantes s'y mouvaient en toute facilité. C'est alors que durent se faire les échanges de civilisation entre les riverains du Mississippi et les habitants des hautes terres méridionales, séparés maintenant par des solitudes et par des zones de très faible population. L'extension graduelle du désert précise de plus en plus l'isolement ethnique des naturels du plateau mexicain qui leur permit de se développer dans leur originalité première.

Le contraste qui existe entre les deux extrémités continentales du Mexique, l'une se dressant en bastion de forteresse au dessus des forêts de végétation dense qui remplissent l'isthme de Tehuantepec, l'autre s'étalant en plaines arides, se présente aussi sous une autre forme entre les deux littoraux, celui de l'est, qui regarde le golfe du Mexique, celui de l'ouest tourne vers l'océan Pacifique. La cote orientale se développe en un vaste demi-cercle et limite une mer fermée : les rives sableuses et vaseuses du Texas, la patte d'oie des bouches mississippiennes, les bancs coralligènes de la Floride et de ses « cayes », la « langue d'oiseau » qui termine l'île de Cuba, puis la masse quadrilatère du Yucatan limitent cette mer intérieure, ne laissant que deux bouches de communication entre les eaux du dehors, la mer des Antilles et l'Océan Atlantique. La concavité du littoral mexicain formait donc un lieu naturel de convergence pour les navigateurs venus des côtes environnantes : c'est par cette façade de la contrée qu'arrivèrent tous les apports de la civilisation extérieure, du Yucatan, de la Floride, des Antilles et finalement ceux de l'Europe.

La côte occidentale du Mexique, au contraire, s'arrondissait en une longue courbe convexe au bord d'un océan sans limites. Jusqu'à l'époque des grandes navigations mondiales qui rapetissèrent le globe terrestre, cette partie du rivage océanique dut rester solitaire, sans autres relations que celles du petit trafic, de baie en baie. Défendue contre les courants du large par la presqu'île de Californie agissant comme un brise lames de mille kilomètres de long, la côte ne pouvait être le lieu d'arrivée des embarcations en détresse, montées par des Japonais ou des Polynésiens : c'est plus au nord, vers la Californie septentrionale, ou beaucoup plus au sud, le long du littoral chilien, que de pareils naufrages, occasion de mélanges ethniques, purent avoir lieu. On peut même se demander si les Mexicains d'autrefois ont connu les îles volcaniques de Revilla Gigedo, qui dressent leurs rochers à 600 kilomètres à l'ouest de la côte. Même par terre, les migrations de peuplades et les rapports internationaux ne purent se faire qu'avec une grande lenteur le long de la côte convexe du Mexique occidental, à cause du manque d'une route naturelle bien tracée de bassin fluvial à bassin fluvial : en maints endroits les communications étaient rendues fort pénibles par des coulées de laves, des espaces sans eau et d'abrupts promontoires.

L'œuvre de la conquête espagnole au Mexique, en Colombie, au Pérou, fut certainement facilitée par l'état politique et social des populations qui se trouvaient alors en voie de régression évidente et que l'on aurait été forcé de respecter davantage si elles avaient conservé, comme les Araucans, l'énergie de leur initiative individuelle. Les Mexicains reconnaissaient leur décadence, puisqu'ils parlaient d'un âge d'or pendant lequel les sciences, les arts, l'industrie avaient merveilleusement prospéré. Ils se disaient déchus, et à bon droit, mais peut-être n'en voyaient-ils pas la vraie cause : une évolution analogue à celle qui s'était accomplie en Europe aurait pu être observée dans le Nouveau Monde ; les classes parasitaires des maîtres temporels et spirituels, souvent en lutte pour la conquête du pouvoir, mais plus fréquemment encore unis contre le peuple et le réduisant à l'état de parfait esclavage, avaient presque entièrement achevé leur œuvre d'asservissement, et toute initiative avait disparu chez les individus : les sujets, transformés en une foule sans ressort, sans force de résistance, n'avaient plus l'énergie nécessaire pour rejeter dans la mer « ces fils de l'Océan » qui leur apparaissaient soudain : à peine avaient-ils la force de s'émerveiller à la vue de ces étrangers dont la peau était de nuance moins foncée que la leur, qui étaient autrement vêtus et lançaient la flamme et la mort avec un tube d'acier.

Cependant il fallut deux années d'efforts à Fernando Cortez pour venir à bout de la résistance de Mexico. Lorsqu'il débarqua en 1519., près du lieu où il fonda la cité de la Vera Cruz, il n'amenait avec lui guère plus de cinq cents hommes, mais, n'ayant point à combattre de grandes armées, il put triompher en détail des caciques plus ou moins puissants qui lui barraient la route, puis renforcer sa troupe des Indiens vaincus qui consentaient à le suivre, et surtout des hommes valides recrutés dans les tribus indépendantes ou même révoltées contre l'oppression des Aztèques ; plusieurs fois aussi, il eut la bonne fortune de ranger de son côté des centaines de soldats espagnols que son ennemi et rival Velasquez, le gouverneur de Cuba, envoyait contre lui. Aussi rusé que courageux et avide, Cortez réussit à se saisir de la personne de Montezuma, le souverain de la nation, et à gouverner en son nom, en lui faisant décréter la soumission de la contrée à l'empereur Charles Quint et le paiement d'énormes tributs. Mais, trop pressés de jouir, les conquérants ne surent ni ne voulurent se concilier le peuple et, dans la *noche triste*, la « triste nuit », lorsqu'il leur fallut évacuer la ville insulaire de Tenochtitlan, la Mexico de nos jours, en passant avec leurs bagages et leurs quelques chevaux et canons sur l'étroite chaussée coupée de ponts qui rattachait la ville à la terre ferme, ils crurent que leur dernier moment était venu. La légende se fit aussitôt sous les yeux hallucinés des fuyards : la mère de Dieu et saint Jacques de Compostelle, saisissant eux-mêmes le drapeau de Castille et de Léon, conduisirent les survivants sur la terre ferme, où ils se préparèrent à la reconquête de la cité lacustre.

En 1521, la domination espagnole était définitivement assise sur le plateau d'Anahuac : tous les Aztèques et autres peuples indigènes ayant été soumis, devenaient par cela même autant de chrétiens présumés ; Cortez, dans son ascension victorieuse du plateau, avait déjà converti tous les païens rencontrés par lui, en les forçant à s'agenouiller devant la croix et les images de la Vierge; mais cette cérémonie préliminaire n'était pas même indispensable pour opérer des conversions en masse : il suffisait de proclamer la prise de possession. Un moine, armé d'une croix, prononçait quelques paroles latines devant la foule des indigènes, puis un notaire lisait un document officiel, à peine compréhensible pour les Espagnols eux-mêmes, attribuant au « roi catholique », en propriété légitime et sacrée, l'immensité des territoires inconnus.

C'était tout : à partir de ce moment, les religieux pouvaient déclarer relaps les Indiens qui ne se conformeraient pas aux rites imposés, et les soldats castillans, devenus les serviteurs du Saint-office, prenaient le droit de vol et de pillage, de massacre et de torture. On finit même par se contenter d'une simple figuration de cérémonie publique en se bornant à symboliser la conquête et la conversion. En 1538, le moine Marcos de Niza, qui, le premier, s'avança sur une colline d'où l'on apercevait au loin l'un des villages du mystérieux pays de Cibola, au nord du rio Grande, entassa quelques pierres à la hâte pour y planter deux branches en forme de croix et s'emparer officiellement du « nouveau royaume de saint François », représentant les pays actuels du Nouveau Mexique et de l'Arizona. Puis, aussitôt après, il s'enfuit « avec plus de frayeur que de vivres », comme il le dit lui-même.

La conversion voulue par les Espagnols s'accomplit d'autant plus rapidement que les indigènes vivaient depuis longtemps sous l'empire des hallucinations religieuses, ne s'étonnaient d'aucun miracle et se prosternaient volontiers devant toutes les idoles nouvelles avec la même foi que devant les anciennes. Les Espagnols, voulant faire croire aux Indiens que le blanc était un être immortel, quoique maint cadavre des leurs fût resté dans les combats, se gardaient bien d'exposer le crucifix, mais ils exhibaient d'autant plus l'image de la Vierge Marie ou « Grande Dame », la Tegleciguata qui, plus tard, même pendant la guerre de L'indépendance du Mexique, devint la patronne du peuple sous le nom de Notre Dame de Guadalupe.

Au point de vue religieux, les Aztèques et autres indigènes du pays connaissaient assez les horreurs des sacrifices humains pour accepter sans étonnement les dogmes et les pratiques de la religion chrétienne. Les rites introduits par les prêtres, et constamment aggravés par eux sous l'empire de la frayeur, étaient les plus atroces que l'on pût concevoir. Même la farine offerte aux dieux devait être trempée du sang des vierges et des enfants morts de peur ; le terrible Huitziloputzli ne voulait pour offrande que des cœurs humains, mais il lui en fallait des milliers : les tueries dont s'étaient chargés les prêtres, « écorcheurs » vêtus de peaux sanglantes, se continuaient sans cesse dans les abattoirs d'hommes. Pour entretenir les massacres, pour suffire à toutes les fêtes de dédicace et d'inauguration, pour faire baigner les murailles des temples dans le sang des captifs, on proclamait des « guerres sacrées » et l'on condamnait par traités les vaincus à fournir de nombreuses victimes. Les Mexicains avaient aussi leur Eucharistie : ils mangeaient la chair de ceux qu'ils avaient faits dieux.

Du moins, l'Inquisition, en comparaison de ce régime, dut-elle paraître douce aux nouveaux fidèles de l'Eglise. Si la population du Mexique diminua notablement, ce furent surtout les misères de l'esclavage que l'on doit considérer comme en étant la cause. Officiellement, les Indiens ne pouvaient être réduits en servitude puisqu'ils s'étaient empressés de se faire chrétiens, d'entrer dans le giron de l'Église universelle ; mais en fait on les traita plus durement que les nègres, parce qu'ils étaient plus faibles, La répartition du pays en grands domaines que le roi concédait à des personnages civils ou religieux, entraînait la distribution du peuple en chiourmes de malheureux que l'on accablait de travaux et que les maladies contagieuses apportées d'Europe enlevaient par villages, par districts entiers. La race pure semblait destinée à disparaître et ne s'est maintenue réellement qu'en des pays écartés. Parmi les civilisations locales qui s'éteignirent presqu'entièrement, on peut citer celle des Zapotèques, les immortels terrassiers qui remodelèrent en plate formes et en pyramides des montagnes entières sur des kilomètres carrés d'étendue, les habiles constructeurs des palais de Mitla, les architectes qui égalèrent ceux des meilleures époques de la Grèce et de Rome par la perfection dans la coupe et l'arrangement des pierres; près de quatre siècles après le passage des ravageurs, on découvre avec étonnement ces belles ruines, avec leurs hiéroglyphes et leurs décorations admirables. L'Anahuac aurait été complètement dépeuplé si les immigrants espagnols, à l'imitation des Cortez et des autres *conquistadores*, n'avaient en très grande majorité pris des Indiennes pour femmes et si la nation ne s'était métissée à fond, remplaçant les Nahua d'origine pure par des hommes de sang mêlé, rattachés à la fois à la souche des aborigènes et à celle des Espagnols qui représentent eux-mêmes tant de mélanges ethniques.

Ces unions de race à race contribuèrent pour une bonne part à conserver le trésor des anciennes légendes et facilitèrent la reconstitution des souvenirs nationaux depuis une époque lointaine précédant la conquête d'environ un millier d'années. À cette époque, les Mexicains ou Aztèques, de race « nahuatl » comme les indigènes de l'Amérique Centrale, constituaient déjà une nation ayant conscience d'elle-même et possédant une véritable unité de civilisation, répondant à l'unité géographique du plateau d'Anahuac. Les progrès scientifiques des habitants s'étaient accomplis d'une manière parfaitement originale, sans intervention des influences asiatiques imaginées par un grand nombre d'auteurs. Non seulement les Mexicains avaient les métiers qui indiquent partout les commencements de la civilisation, ils pratiquaient aussi les arts, architecture, peinture, sculpture, et c'est même sous le vocable de Toltèques — toltecatl « artistes » — que l'on connaît une de leurs tribus qui, du septième au onzième siècle, aurait été la plus puissante parmi les Nahua du plateau. La langue nahuatl, qui se parle encore au Mexique conjointement au castillan, mais qui a perdu la plupart des mots de l'ancien idiome littéraire, témoigne par son extrême richesse en termes abstraits du très haut développement intellectuel qu'avait atteint la nation. Tandis que dans presque tous les pays nouveaux, les traducteurs de la *Bible*, de l'*Imitation* et autres ouvrages mystiques éprouvaient la plus grande difficulté à reproduire dans l'idiome étranger le sens de l'original, ils n'eurent aucune peine à le rendre en aztèque. Si les Mexicains n'avaient pas d'écriture cursive proprement dite, ils transmettaient très bien leurs idées au moyen d'hiéroglyphes peints sur les feuilles du maguey ou d'un autre « arbre à papier », gravés sur le bois ou la pierre et dessinaient aussi des cartes géographiques et célestes. Habiles astronomes, ainsi qu'en témoignent la pierre conservée dans la cathédrale de Mexico et le « codex » de Dresde, Aztèques et Maya divisaient parfaitement l'année en dix-huit mois de vingt jours, auxquels on ajoutait cinq jours supplémentaires, puis douze ou treize jours, suivant les calculs, après chaque cycle de cinquante-deux : années, considéré comme la période normale de l'activité humaine. Au musée de Mexico, un calendrier sculpté en pierre est l'un des plus précieux monuments de l'ancienne civilisation. Quant aux édifices élevés par les Aztèques, ils ont tous été rasés, à l'exception des pyramides à degrés, temples du soleil, semblables à ceux de la Chaldée ; il en reste encore plusieurs dont toutes les structures de pierre se sont écroulées et qui ressemblent maintenant à des collines naturelles à très large base : des cultures, des arbres et, au sommet, des églises catholiques ont pris la place des anciens ornements architecturaux de la pyramide.

Les Maya furent plus heureux que les Aztèques, car si la persécution politique et religieuse sévit contre eux avec la même violence, ils surent résister plus âprement et même conserver leurs mœurs, leur nationalité, leur indépendance dans les régions de l'intérieur où le plateau calcaire du Yucatan vient s'appuyer sur les avant-monts boisés de la grande chaîne. Lorsque les Espagnols se présentèrent dans le Yucatan ou Mayapan, la « terre des Maya », ceux-ci n'étaient point, semble-t-il, en état de décadence comme les Mexicains de l'Anahuac : moins dominés par les prêtres, étrangers à la religion du sang, aimant les fêtes joyeuses et vivant pacifiquement en des cités non fortifiées, ils étaient en pleine floraison de culture et, certainement, très supérieurs en moyenne à leurs bourreaux, les « conquérants » et les inquisiteurs, qui venaient raser les villes, briser les sculptures et brûler les bibliothèques. D'ailleurs, ils sont restés à maints égards la race dirigeante, puisque, ayant conservé leur langue, ils en ont naturellement imposé l'usage à la grande majorité des Espagnols, devenus les bourgeois des cités et les propriétaires des domaines. Une soixantaine de villes ont encore des restes de temples, de pyramides, de palais sculptés ; des routes nombreuses, construites d'après des procédés qui n'étaient point inférieurs à ceux des chaussées romaines et de nos voies à macadam, sont toujours utilisées entre les villes de marché, et les musées possèdent de remarquables statues, qui n'ont pas toutes la forme exagérée du type originaire des anciens Maya, avec leurs nez busqués et leurs fronts rejetés en arrière. Mais de tous les trésors de l'antique civilisation, les plus précieux sont les livres, ou toiles recouvertes de hiéroglyphes « calculiformes » que les savants d'Europe et d'Amérique s'occupent de leur mieux à déchiffrer, suivant des méthodes diverses et avec des résultats jusqu'à maintenant contradictoires, Ces documents précieux ont peut-être en réserve d'importantes découvertes sur la préhistoire des nations américaines.

A l'est et au sud-est, les habitants de l'Amérique Centrale, à l'étroit dans leur ruban de terre serpentin, n'eurent pas les facilités nécessaires pour se développer en nations aussi puissantes que celles des Aztèques et des Maya. Cependant il n'est pas douteux que les frères des premiers, connus dans l'Amérique isthmique sous le nom de Pipil, et les Quichué du Guatemala, apparentés aux Maya du Yucatan, aient participé à la civilisation des Mexicains et même qu'ils l'aient précédée.

Tandis que la société nahuatl ne remonte pas au-delà du sixième siècle, un acajou engagé sous une ruine guatémalienne a permis, par ses cercles de croissance, de fixer à 1 700 ans au moins l'âge de la construction. (P. Mougeolle). Les Quichué ont même laissé un trésor littéraire des plus précieux, le Popol-Vuh ou « Livre d'histoire », que l'on a tâché de traduire ou plutôt d'interpréter en espagnol et en français.

Avant l'arrivée des blancs, Pipil et Quichué vivaient paisiblement côte à côte : ils n'habitaient point en groupes et s'étaient parsemés dans la campagne, chaque famille au milieu de ses cultures. Les villages ne se sont fondés que depuis l'époque où les révolutions, les massacres et les guerres ont forcé les habitants à s'occuper de leur défense ; les tueries en masse qui suivirent l'arrivée des Espagnols eurent précisément lieu dans les régions les plus populeuses et les plus civilisées, comme au Nicaragua où les agriculteurs de la contrée, ayant déboisé leurs campagnes, manquaient de lieux de refuge.

La péninsule de Nicoya serait la véritable limite des deux ensembles continentaux de l'Amérique ; au nord du district, les archéologues constatent qu'ils se trouvent dans une aire de civilisation apparentée à celle du plateau mexicain, mais dès qu'ils atteignent le versant méridional des volcans de Costarica et le voisinage de l'isthme, ils sont en face d'une tout autre nature représentée par des types nouveaux de plantes, d'animaux et d'hommes : on entre évidemment dans la selve sud-américaine.

Dans l'Amérique centrale, les Indiens qui résistèrent aux exterminations espagnoles, grâce à un milieu plus favorable, furent ceux qui vivaient en « sauvages » dans les forêts épaisses ou dans les gorges des montagnes. On les désigne actuellement sous l'appellation générale de Chontales

(Tsondales), qui n'indique nullement une communauté de race, mais seulement le genre de vie indépendante, à l'abri des vexations du maître blanc ou métissé.

Les Indiens policés, appartenant aux nations Quichué ou Maya, n'échappèrent aux massacres, sinon à l'oppression des Espagnols, que dans le district dit de Vera Paz « Véritable Paix », où les missionnaires dominicains obtinrent de Charles Quint le droit de pénétrer seuls et sans armes et d'en tenir tout fonctionnaire, tout soldat, éloigné pendant un laps de cinq années. La population ne fut point décimée : elle vécut, mais tellement subjuguée, appauvrie intellectuellement, privée d'initiative qu'elle constitue à cette heure la partie la moins prospère et la plus retardée de toutes manières dans la république de Guatemala. La fondation de la Vera Paz, qui témoigne de la constante rivalité de pouvoir entre l'élément militaire et l'élément religieux, rappelle en petit ce qui se fît en grand, et avec des résultats analogues, dans l'Amérique du Sud, sur les bords du Paraná et du Paraguay.

De même que l'Amérique Centrale, la Nouvelle Grenade, à l'angle nord occidental du continent du sud, manque de larges plateaux à climats uniformes où pût se développer une grande nation répandant au loin le prestige d'une haute culture intellectuelle. La région, divisée par ses chaînes de montagnes élevées en plusieurs aires géographiques distinctes se reliant difficilement entre elles, devait être scindée politiquement entre les populations différentes ne se connaissant guère que par de lointains échos. Cependant les Espagnols auxquels la soif de l'or fit accomplir le prodige de la conquête trouvèrent presque partout des populations habiles aux métiers et aux arts ; toutes avaient leurs potiers et leurs tisserands, leurs teinturiers et leurs maçons, leurs peintres, architectes et médecins. De belles routes dallées, dont on voit les restes avec étonnement, escaladent les montagnes les plus âpres, là où les rares habitants, épars en quelques vallées aujourd'hui, n'ont plus besoin que d'étroits sentiers frayés à travers la forêt.

Les Colombiens de nos jours ont pour principaux ancêtres, non les quelques émigrants espagnols arrivés pendant les trois derniers siècles mais les Indiens aborigènes, représentés surtout dans la préhistoire de la contrée par les Muysca, appelés également Chibcha d'après la langue chuintant qui se parlait encore au dix-huitième siècle, et dont les linguistes modernes ont recueilli la grammaire et le lexique. Comme dans les autres pays de conquête, les exterminations furent atroces ; mais, si affreux qu'ait été dans ses épisodes le changement de régime, on peut se demander si la civilisation dégénérée à laquelle mit fin l'invasion étrangère n'était pas plus déplorable encore, car la société muysca en était arrivée à une complète annihilation morale par la prostration absolue des sujets devant les prêtres et les rois : le peuple ne savait plus que trembler et obéir ; il s'était comme figé dans son antique civilisation, et tout développement nouveau lui était devenu impossible. Son activité, en dehors des travaux domestiques, se bornait presque uniquement à tailler des idoles monstrueuses et à fabriquer en or et en pierres dures des figurines humaines et des objets symboliques, recueillis par milliers dans les musées et les collections particulières. Du moins la fin des nombreux petits Etats muysca et autres coïncida-t-elle avec l'arrivée de quelques éléments ethniques nouveaux, apportant l'initiative nécessaire au progrès.

C'est ainsi que les Antioqueños ou descendants des Espagnols métissés qui s'établirent sur les hauteurs, entre les vallées profondes du rio Magdalena et celles du rio Cauca, ont réellement reconstitué la race. La tradition les dit issus de fugitifs juifs et maures qui, dans les premiers temps de la conquête, cherchèrent dans l'exil volontaire un abri contre la persécution ; eux-mêmes prétendent être d'origine basque. Peut-être les deux versions ont-elles une part de vérité ; quoi qu'il en soit, les petits commerçants et industriels antioqueños que l'on rencontre dans toutes les parties de la République justifient ce renom de labeur ingénieux que l'on attribue à leur race.

Par sa disposition géographique, le système des Andes présente du nord au sud une succession de plateaux qui rappellent les conditions des hautes terres de l'Anahuac, mais en des proportions beaucoup plus considérables. Du massif colombien de Pasto jusqu'à celui d'Aconquija, dans la République Argentine, sur un développement d'environ 4 000 kilomètres, les arêtes andines se prolongent parallèlement en une double ou triple rangée, de manière à délimiter nettement de hautes plaines dont le climat n'est pas encore trop froid pour le séjour de l'homme : le sol y est fertile et les communications, quoique pénibles en certains endroits, sont néanmoins plus praticables que dans les immenses forêts des versants orientaux tournés vers les fleuves amazoniens. Le long espace ainsi circonscrit par les montagnes est, il est vrai, assez étroit dans sa partie septentrionale, mais vers le centre, dans les contrées qui constituent aujourd'hui le Pérou méridional et la Bolivie, il n'a pas moins de quatre à cinq cents kilomètres en largeur, de sorte que la nation établie sur ces hauteurs disposait d'un ample point d'appui pour s'étendre au loin et maintenir un caractère homogène dans sa vaste demeure.

Lors de l'arrivée des Espagnols, dans la première moitié du seizième siècle, un empire existait en effet dans ce territoire andin, et, quoique déchu par suite des vices de son organisation intérieure, il n'en comprenait pas moins un espace de beaucoup supérieur à celui des plus grands États européens. À l'époque de sa toute-puissance incontestée, le Tlahuanti-Suyu, ou royaume des

Quatre Parties du Monde, gouverné par la famille des Inca, avait de beaucoup débordé de la haute région des plateaux pour descendre à l'est et à l'ouest sur les deux versants : du côté de l'Océan, il atteignait le littoral où se succédaient de grandes cités, reliées les unes aux autres par un service de navigation sur de très solides radeaux à deux mats. Jusqu'en pleine mer, à plus d'un millier de kilomètres du continent, les Inca s'étaient approprié l'Archipel des Galapagos. Sur les pentes orientales des Andes, les fourrés de la selve impénétrable limitèrent l'empire et son influence d'une manière plus efficace que les déserts côtiers qui s'étendent à l'ouest, interrompus de distance en distance par des vallées fertiles et habitables.

La civilisation des Quichua, Aymara et autres peuples qui s'étaient soumis à la domination des Inca, était relativement très avancée, au moins l'égale de celle des Maya et des Nahua du Mexique et de l'Amérique Centrale. Les trouvailles faites par les archéologues eu quantités considérables prouvent même qu'à une époque historique très ancienne, leur domaine de civilisation était beaucoup plus étendu et comprenait des régions actuellement désertes ou presque complètement dépeuplées à cause du manque d'eau. L'étude de toute la partie de la République Argentine, située au nord-ouest entre les Andes et le massif de l'Aconquija, montre qu'il y avait autrefois de grands lacs dans ces vallées inférieures et qu'elles étaient bordées de villes et de villages, tandis qu'aujourd'hui cette même contrée n'offre que des plaines salines et des roches stériles, parsemées de ruines imposantes, telles que la grande forteresse de Pucara. De même sur les côtes du Pacifique, la zone de verdure et de peuplement était beaucoup plus ample aux époques lointaines, des siècles avant l'invasion castillane, et l'on peut en tirer la conclusion probable que la détérioration du climat, ayant pour conséquence fatale la réduction de l'aire de civilisation, a également réduit la valeur de la culture elle-même. Quoi qu'il en soit, qu'ils fussent ou non déchus, les peuples du plateau péruvien savaient, eux aussi, élever de beaux monuments, et l'on en voit encore d'admirables exemples, notamment à Cuzco et sur la haute colline de Sacsahuaman, derrière laquelle ce qui restait de la famille des Inca se défendit si vaillamment contre Hernando Pizarro et sa bande d'égorgeurs. Les restes des palais et des temples du Gran Chimu, près desquels fut fondée Trujillo, et de Pachacamac, remplacée par Lima, édifices datant probablement des âges antérieurs aux Inca, témoignent aussi de la hardiesse dans la construction et de la délicatesse dans l'exécution qu'apportaient à Leur œuvre les architectes du temps.

Combien plus pénétrés de l'idée panthéiste de la vie étaient ces bâtisseurs que les plus mystiques des architectes de l'Ancien Monde ! Chaque colonne du Gran Chimu devait être évidée pour avoir son « cœur » ; tout objet travaillé recevait aussi un cœur ; pas un vide, pas un réduit qui n'eût son petit autel, sa niche avec une figurine de métal, d'argile, de bois, ou bien son urne avec des grains de maïs. La demeure vivait par toutes ses murailles. C'est bien là qu'on pouvait dire des argiles et des pierres : « Elles parlent »!

Les ruines d'une ancienne ville, Chanchan, au sud de Tumbez, forment un ensemble prodigieux de *huacas*, nom sous lequel on désigne indistinctement toute construction antique, nécropole, palais, forteresse entrepôt, aqueduc ou demeure. Une de ces huacas fournit, en 1577 et 1578, des objets sculptés en or pour une valeur totale de 4 450 784 pesos d'argent (20 à 30 millions de francs ?). Et ce n'est là qu'une faible partie des trésors recueillis dans ces catacombes.

Quant aux routes, celles qui partaient du centre politique de l'empire étaient construites avec autant de soin que celles des Maya, et l'ensemble du réseau, comprenant la ligne du littoral et celle de la montagne avec tous les rameaux intermédiaires, n'avait pas son pareil dans le monde ; celui des anciens Romains ne l'égalait ni en étendue ni en audace et ne dura pas aussi longtemps ; même sur le versant des grandes forêts, on voit çà et là les routes dallées descendre vers les fleuves amazoniens : il en existe en pleine selve sur les bords du Béni, le grand affluent du Madeira. Les missionnaires franciscains établis au poste d'Ysiama, près de la bouche du Madidi, ont suivi cette ancienne chaussée, dite des Inca, quoiqu'elle appartienne peut-être à des temps plus anciens, comme une autre route, également nommée des Inca, qui franchissait la Cumbre, la brèche des Andes que doit utiliser un jour le chemin de fer de Buenos-Ayres à Valparaiso.

Les métiers de l'âge incasique n'étaient inférieurs à ceux d'aucune autre nation du Nouveau Monde. Ce peuple était même le seul qui avait su apprivoiser un animal de manière à l'utiliser au point de vue économique. Le lama était devenu le compagnon de l'indigène comme bête de somme pour le transport des denrées et des marchandises ; le compagnon, car jamais on ne le frappait, jamais on ne le forçait à hâter le pas : on le suivait en l'encourageant par de bonnes paroles, des gazouillis et des chants. Si les Inca n'étaient pas encore arrivés à l'invention de l'écriture proprement dite, ce qu'affirment des auteurs contemporains et ce que d'autres nient, du moins savaient-ils transmettre leurs idées et raconter les événements au moyen de *quippu* ou cordelettes en laine, de diverses longueurs et diversement nouées, qui présentaient d'infinies combinaisons. La belle langue souple des Quichua, qui se parle encore dans presque toutes les régions andines, de l'Ecuador aux frontières de l'Argentine et du Chili, et qui, dans la lutte pour l'existence, l'a même emporté provisoirement sur le castillan, en dehors des grandes villes, était employée par des poètes, des dramaturges, des historiens, on s'en servait pour célébrer les amours et les joies ; maintenant elle résonne sur tous les tristes ou chants mélancoliques des malheureux opprimés qui peinent en travaillant pour autrui.

Mais si les Inca et les peuples qu'ils gouvernaient, Quichua et Aymara, sont devenus fameux en Europe, surtout chez les philosophes et moralistes du dix-huitième siècle, c'est à leurs mœurs communistes qu'on doit l'attribuer. On peut juger de l'admiration provoquée par le régime politique des Inca en lisant la préface de la *Basiliade*, l'œuvre renommée de Morelly, d'après laquelle l'utopie de son peuple heureux serait une pure copie du régime péruvien : « Le système n'est point imaginaire, puisque... les mœurs de peuples que gouverne Zeinzenim ressemblent, à peu de chose près, à celles des peuples de l'empire le plus florissant et le mieux policé qui fut jamais..., celui des Péruviens ». Même de nos jours, il n'est pas rare d'entendre vanter les Inca comme un modèle à suivre dans la société future.

Certainement les indigènes du plateau andin l'emportaient de beaucoup sur les civilisés de nos jours, au moins par ce fait que tous les individus sans exception y avaient leur subsistance assurée. Pareil résultat témoigne chez les Péruviens d'un esprit de solidarité et d'une conscience scrupuleuse dont est complètement dépourvu notre monde européen, reposant sur le principe de la propriété personnelle illimitée. A ce point de vue, la civilisation moderne qui enorgueillit tant les ingénieurs et les industriels est inférieure à celle des Inca, d'autant plus qu'il n'y a aucun doute aujourd'hui sur l'immensité des ressources que possède la Terre. Il est incontestable — quoique les économistes de l'école officielle passent ce fait sous silence — que les produits annuels en aliments de toute espèce dépassent de beaucoup les nécessités de la consommation. Certes, des hommes meurent de misère et de faim par milliers, mais immédiatement à côté d'eux, des amas de denrées s'avarient et se perdent dans les greniers les entrepôts et les magasins.

Tout en reconnaissant donc qu'à cet égard les modernes ont à s'humilier devant les Inca, il faut dire que la civilisation, telle que ceux-ci l'avaient conçue et la pratiquaient, devait amener fatalement la décrépitude et la ruine de la nation. Les Péruviens croyaient à cette utopie du « bon tyran » qui séduit aussi un grand nombre d'esprits en Europe mais que les révolutions successives ont heureusement rendue irréalisable. L'Empereur ou Inca était le fils du Soleil et le « Soleil » lui-même, le grand régulateur de tout le système qui gravitait autour de lui : la loi, *apou-psimi* était la « parole du maître ». Non seulement sa volonté était irrévocable comme celle des rois des Perses, elle était aussi infaillible comme l'est devenue, en théorie, celle du Souverain pontife. Le peuple n'avait qu'à jouir du bonheur dont la raison suprême du monarque voulait bien le combler. Toutefois, sans qu'il s'en rendît compte, l'Inca obéissait certainement à d'anciennes coutumes qui, après avoir été celles de communautés autonomes, avaient pris un caractère impérieux nettement monarchique. Tout d'abord la terre était divisée, comme l'empire lui-mème, en quatre parties : un quart était dévolu au Soleil, c'est-à-dire à son représentant terrestre, à l'Inca ; un deuxième quart appartenait au gouvernement, c'est-à-dire encore à l'Inca ; un troisième quart constituait les propriétés des chefs ou *couraca* ; enfin le quatrième quart se divisait annuellement entre les familles des communautés. Cette portion suffisait d'ordinaire à l'entretien des sujets, mais, en cas de disette, ceux-ci avaient recours aux greniers publics, constitués par les réserves de l'Inca. Les animaux de charge étaient répartis de la même manière entre les Péruviens, mais le droit de chasse était réservé aux grands personnages. On ne laissait à la disposition de tous que les herbes des champs et le poisson des rivières, des lacs et de l'océan. Le guano des iles Chincha était strictement divisé entre les provinces du littoral et de l'intérieur pour fumer les campagnes respectives, aussi bien les plus éloignées de la mer que les plus voisines. On avait prévu la situation des infirmes et des malades : ils ne tombaient point à la charge de la charité privée, mais devenaient les hôtes de la nation, et les terres auxquelles ils avaient droit étaient cultivées par leurs voisins.

En échange de la terre qui donne la nourriture, l'homme du peuple devait l'obéissance absolue à tous ceux qui reflétaient la lumière du soleil. Il travaillait pour ses maîtres, soit dans les champs, soit dans les mines, sur les routes ou dans les palais : même, en certaines circonstances, on lui demandait sa vie, et il était tenu de la donner avec joie. Les grands dangers nationaux, les maladies des chefs, les signes de mauvais augure exigeaient du sang, surtout celui des enfants les plus forts, des jeunes filles les plus belles. En dehors des ordres de l'Etat, la volonté individuelle ne se manifestait en rien ; les mariages se faisaient conformément au choix des maîtres et, d'ailleurs, toujours dans le cercle d'un étroit parentage et entre habitants d'un même village. Le droit d'aller et de venir n'était même pas toléré : si les courriers avaient à porter les ordres du souverain de l'une à l'autre extrémité de l'empire, les cantonniers ne pouvaient pas dépasser la part de chemin dont l'entretien leur était confié, et le laboureur restait fixé sur le lopin dont la moisson lui était dévolue. La police suivait chaque individu dans toute son existence, impossible d'échapper à la surveillance de ce grand œil de l'État, du soleil qui voit toutes choses. Les têtes étaient façonnées d'avance suivant les classes et le genre de travail auquel on les destinait : on avait pris soin de donner des formes monstrueuses aux crânes des gens condamnés à la servitude absolue ; l'homme réputé infâme était affligé d'avance d'une tête d'infamie, tandis que l'on admettait certaines tribus, particulièrement protégées, au bonheur de porter les oreilles en éventail.

Ainsi la docilité des peuples du plateau, Quitu, Quichua, Aymara, Atacama, Chunchos, était obtenue d'une façon complète ; le roi Soleil avait des sujets selon son cœur. Mais, quoique ayant le titre de dieux et étant adorés comme tels, les Inca étaient de simples hommes, d'autant plus exposés à l'ignorance que personne autour d'eux ne leur disait la vérité, d'autant plus en danger de succomber à la folie qu'ils pouvaient prendre au sérieux le langage de leurs flatteurs. Et ces traits d'ignorance et de folie ne manquèrent point. C'est grâce à la guerre de deux compétiteurs que les Espagnols purent entrer dans l'empire désuni, grâce à la stupidité d'Atahualpa que Francesco Pizarro put le tenir dans sa forte main comme un pantin dont il tirait les fils, grâce à l'irrésolution de ces millions de sujets sans énergie, sans volonté, qu'un petit nombre de bandits résolus purent s'emparer d'un territoire tellement immense qu'ils étaient loin de s'en faire une idée. D'ailleurs, les Péruviens étaient tout prêts à se prosterner devant les nouveaux dieux. Ne voit-on pas un fils même des Inca, Garcilaso de la Vega, lécher les mains sanglantes qui tuèrent les siens ? « O illustre race des Pizarre ! s'écrie-t-il dans son ouvrage, illustre race, combien te sont obligés les peuples du Vieux Monde pour les richesses que le Nouveau leur a données ! Mais combien plus te sont redevables les deux empires du Mexique et du Pérou pour tes deux illustres fils Fernando Cortez et Francesco Pizarro, avec ses trois frères, Fernando.

Juan et Gonzalo, qui ont tiré ces idolâtres des ténèbres où ils étaient ! O famille des Pizarre, que tous les peuples du monde te bénissent de siècle en siècle » !

L'argent, l'or, telles furent d'abord les grandes richesses du Pérou. L'événement capital de la guerre d'asservissement fut la livraison des masses d'or qui devaient emplir jusqu'à hauteur d'homme la chambre du palais de Cajamarca et servir de rançon au malheureux Atahualpa, condamné quand même à être exécuté après un semblant de jugement. On sait quel est le deuxième sens du mot « Pérou », celui d'un amas prodigieux de richesses illimitées. Quelques mines ont été épuisées, d'autres se sont perdues, d'autres encore ne peuvent être exploitées maintenant à cause du manque de combustible, de voies d'accès ou de population locale ; mais, tant que les conquérants espagnols eurent à leur disposition, en héritage des Inca, les Indiens du plateau pour leur imposer la corvée jusqu'à ce que mort s'en suivît, la seule préoccupation des maîtres fut d'extraire le métal et encore le métal. Atteindre directement l'or tangible et lourd en masses énormes, telle fut la frénésie. Aussi, le faste plus que royal, l'ostentation agressive, l'arrogance prirent les proportions de la folie par l'effet de ces fortunes sans limites que le travail des Indiens faisait sortir de terre. Un des vice-rois du Pérou, le duc de Palata, qui régnait vers la fin du dix septième siècle, fît paver une rue en argent massif pour que, lors de son entrée triomphale dans la ville de Lima, il ne foulât point la terre sordide sur laquelle passaient les vulgaires mortels : cette fantaisie lui coûta, dit-on, quatre cent millions de francs. Mais pour élever un beau monument, pour peindre ou sculpter une véritable œuvre d'art, les ressources manquèrent toujours.

On attribue d'ordinaire à l'extermination directe la dépopulation du Pérou et des autres contrées minières de l'Amérique. C'est là une erreur, puisque les Péruviens, dressés à la docilité absolue, ne luttèrent pour leur indépendance ou ne se révoltèrent qu'en de rares occasions, et seulement dans le voisinage des grandes forêts, où des tribus de fugitifs, retournés à la sauvagerie, avaient repris un peu de la vaillance que donne la vie libre parmi les arbres et les bêtes. Le dépeuplement du plateau minier fut la conséquence fatale de la corvée ; quant à celui des régions côtières, le long du Pacifique, il était en grande partie antérieur à la conquête. Des villes nombreuses du littoral étaient déjà ruinées par l'effet des guerres qui avaient eu lieu entre les indigènes. D'ailleurs, on s'était beaucoup exagéré la population probable des villes de la côte. Sans doute, les ruines du Gran Chimu occupent un espace énorme, comparable à celui de l'antique Memphis, mais les constructions furent élevées à des époques différentes, en sorte que les demeures habitées étaient séparées par des décombres ; en outre de vastes espaces aménagés pour les cultures s'étendaient comme aujourd'hui entre les divers villages de la plaine : toute la tribu des Chimu, évaluée au plus à une cinquantaine de mille individus, vivait à l'intérieur des limites urbaines et y trouvait sa nourriture.

Sur les versants des Andes, les Espagnols n'occupèrent que de bien étroites bandes de terrain, en dehors du royaume des Inca. Dans le territoire qui est devenu le Chili méridional, ils s'épuisèrent en de sanglantes luttes contre les Araucans, qui, vivant libres, sans maîtres, étaient de tout autres hommes que les Quichua tremblants : ils ne s'étaient point laissé assouplir par les Inca, ce qui leur valut le nom qu'ils portent signifiant « rebelles » ; ils ne se soumirent pas davantage aux

Espagnols. Au milieu du dix-septième siècle, après cent ans de combats infructueux, il fallut bien reconnaître par traité l'indépendance politique des Araueans, et si, deux siècles plus tard, ceux-ci finirent par devenir Chiliens, c'est par suite d'une lente modification de la race, des mœurs et des conditions économiques : il n'y eut point conquête.

Sur le versant oriental des Andes, ce sont les obstacles opposés par la nature, autant que l'hostilité des Indiens, qui mirent une limite aux invasions espagnoles : les bandes n'arrivaient dans les plaines inférieures que diminuées par les lièvres, abîmées de fatigue, blessées et perdues ; la moindre escarmouche avec les indigènes leur donnait le coup de grâce. C'est en vain que les conquérants de la Bolivie voulurent gagner le réseau des fleuves amazoniens. En 1560, Diego Alemân descendait de la Paz vers les régions que parcourt l'Amara-Mayo ou « Madre de Dios », mais il fut capturé par les indiens Mojos. Cinq ans après, une expédition envoyée à la recherche des mines d'or et d'argent fut plus malheureuse encore : on n'en reçut jamais de nouvelles.

D'ailleurs, si les entreprises d'exploration furent souvent malheureuses, les autorités coloniales en étaient presque toujours la cause. De même que le gouvernement métropolitain s'était attribué le droit de permettre ou d'interdire les expéditions dans le Nouveau Monde, de même les divers pouvoirs représentatifs de la volonté royale veillaient avec un soin jaloux à ce que les voyages, tous tentés en vue de trouvailles d'or et d'argent, fussent autorisés et surveillés ; il leur fallait d'abord être assurés qu'ils auraient la bonne part des bénéfices futurs : des deux côtés du continent, les autorités castillanes et portugaises se défiaient les unes des autres, aussi que de fois des explorateurs durent s'enfuir pour échapper à la surveillance inquiète des gouverneurs espagnols ! Pour cette raison principalement, et, par suite des extrêmes difficultés des expéditions, les communications entre les Andes et l'Atlantique étaient toujours arrêtées : c'est par le côté du Pacifique seulement que l'Espagne pouvait se mettre en rapport avec les conquérants du Pérou.

A l'est de l'Ecuador, l'ancien royaume des Quitu, il semblait plus facile qu'ailleurs de s'ouvrir une porte de sortie vers l'Atlantique, car, en cette partie de leur développement, les Andes proprement dites sont moins hautes et moins larges que dans le reste de leur étendue, et les rivières qui en descendent mènent en droite ligne vers la grande artère fluviale des Amazones. Un des frères du fameux Pizarro voulut en effet suivre ce chemin, il s'embarqua en 1540 sur le fleuve Napo, à travers une forêt d'arbres qu'il s'imaginait être des canneliers ; mais le voyage se fit si long, si pénible, il se compliqua tellement de fièvres et de maladies d'épuisement que Gonzalo Pizarro dut y renoncer et reprendre la route du plateau pour sauver ce qui restait de sa troupe. Seulement un de ses lieutenants, Orellana, laissant porter son esquif par le courant du Napo puis par le grand flot de l'Amazone, finit par atteindre la « mer douce » et rejoindre l'étendue bleue de l'Atlanlique. Le continent avait donc été traversé de part en part, mais Orellana ne rapportait point d'or ni de perles : le récit de ses aventures ne lui suscita guère d'imitateurs, et son expédition ne se refit, en sens inverse, qu'un siècle plus tard, en 1638 et 1609, lorsque le Portugais Texeira remonta le fleuve à la tête d'une cinquantaine de canots chargés de provisions.

Sous un climat plus tempéré, le bassin des fleuves platéens, que les navigateurs espagnols avaient abordé par la voie directe de l'Atlantique, était colonisé par eux bien avant l'époque où le fleuve des Amazones fut reconnu directement. On a même supposé que Sébastien Cabot avait, en 1628, prévu l'importance future des eaux de la Plata comme chemin naturel vers les mines d'argent du haut Pérou : de là, disait-on, le nom de fleuve « Argentin », donné à l'estuaire dont les deux grandes cités de Buenos-Ayres et de Montevideo gardent aujourd'hui l'entrée ; toutefois, cette explication du terme de la Plata paraît à Lafone Quevedo purement fantaisiste : l'appellation provient de ce que les découvreurs eussent bien voulu trouver de l'argent dans le territoire nouveau et qu'ils lui donnèrent en conséquence un nom de bon augure.

Au sud de la mer des Antilles, les premiers découvreurs depuis Colomb, les Niño et les Guerra, les Hojeda et les Vespuccî, les Bastidas et les Juan de la Cosa, avaient déjà suivi le littoral, et rapidement on en connut bien les ports et les marchés : mais la prise de possession des contrées de l'intérieur ne se fit guère qu'un tiers de siècle plus tard et en des conditions spéciales indiquant déjà l'ère de la domination capitaliste, arrivée de nos jours à la perfection.

Au seizième siècle, les richesses s'étaient tellement amassées dans les maisons des puissants monopoleurs du trafic et de la finance que leur fortune dépassait celle des empires. Sans André Doria, qui possédait à lui seul plus de navires que la république de Gènes, Charles Quint n'aurait pu disputer aux Barbaresques les rivages de la Méditerranée occidentale. Sans les banquiers d'Augsbourg, le monarque n'aurait pu faire occuper la côte Ferme de l'Amérique. La haute banque, maniant les écus et les ducats par millions, haussait ses ambitions jusqu'à l'empire et faisait la guerre, la piraterie et les massacres en commandite. Déjà les riches Medici étaient devenus de véritables rois par la puissance de l'argent. Pourquoi les Welser et les Fugger, plus riches encore, n'auraient-ils pas acquis au moins le rang de vice-rois ? En effet, les banquiers, ayant prêté douze « tonnes » d'or à Charles Quint, reçurent en hypothèque d'immenses étendues de terrains avec droit de gouvernement et de propriété, y compris celle des hommes. Cela explique l'apparition de noms germaniques tels qu'Alfinger, Speier, Kredemann parmi les appellations des *conquistadores*, jusqu'alors presque toutes espagnoles.

Un de ces chefs allemands mérita même plus que tous autres d'être rangé parmi les héros de guerre : à la tête d'une petite bande comprenant des cavaliers, il escalada (1537) les pentes orientales de la haute chaîne de Suma Paz, la « Paix Suprême », pour redescendre sur la terrasse de Cundinamarca, où s'élève aujourd'hui la capitale de la république de Colombie, Santa-Fé de Bogota. Mais on savait que celle région des Andes possédait de l'or et des émeraudes : aussi Fredemann n'était-il pas seul à franchir les montagnes, les neiges et les vallées profondes pour atteindre ce pays de promission, où vivait le fameux roi « Doré », l' « El Dorado », qui se baignait dans un lac, après s'être recouvert de sable d'or. Trois bandes européennes de pillards se rencontraient à la fois sur le haut plateau : l'une, celle de Fredemann, qui semblait descendre du haut des nuages de l'Est ; la deuxième, celle de Belalcázar qui, des volcans de Quito, était apparue dans la fournaise de la vallée magdalénienne pour remonter ensuite vers les hautes terres ; la troisième, celle de Quesada, qui venait du port de Santa-Marta par des chemins non moins âpres. Les gens des trois bandes que l'on dit avoir été composées exactement du même nombre d'hommes armés — cent soixante — avec l'accompagnement obligatoire de moines, hésitèrent quelque temps entre la guerre et la paix mais finirent par s'entendre moyennant rançon que devait fournir le travail des Indiens. En aucune partie du Nouveau Monde, les Espagnols ne furent plus cruels, avec de plus hideuse méthode. Ce qu'on appelle la piété se mêle si bien à la férocité que de pieux capitaines firent vœu de massacrer chaque jour douze Indiens en l'honneur des douze Apôtres.

La division du travail de conquête et d'aménagement colonial s'était répartie au quinzième et au seizième siècles entre les Espagnols et les Portugais. Les premiers avaient eu les Antilles, le Mexique, l'Amérique centrale, les régions andines et platéennes ; les seconds prirent le littoral brésilien, que leur avait assuré le voyage d'Alvarez Cabral, et s'avancèrent graduellement le long des côtes, d'un côté vers l'Amazone, de l'autre vers la Plata, bien au delà des limites que leur accordaient en longitude le traité de Tordesillas et la bulle du pape Alexandre VI : dès l'année 1616, ils arrivaient à Para sur le réseau des rivières qui forment le parvis des régions amazoniennes. Ils ne trouvèrent point devant eux de nations organisées qui pussent leur résister, comme les Aztèques et les Maya à Cortez, les Araucans aux Almagro et autres chefs de bandes qui lui succédèrent. N'ayant d'autres adversaires que des hordes sans consistance, ils avancèrent à leur gré partout où ils reconnaissaient intérêt à le faire ; mais, colons ou guerriers, ils étaient en si petit nombre que le territoire réellement occupé par eux se bornait à quelques points du littoral ainsi qu'à un arrière pays très rapproché, entouré de forêts où continuaient de vivre les Tupi, les Coroados et autres Indiens. D'ailleurs, la division des possessions portugaises en d'immenses capitaineries où l'immigration ne pouvait se faire ouvertement qu'au prix de mille tracasseries policières, n'était pas de nature à augmenter rapidement la population européenne.

Mais un Etat fondé sur la violence ne peut se maintenir que par la violence, et les Portugais ne se bornèrent point à vivre en paix dans le merveilleux pays qui leur donnait ses ombrages.

D'abord ils eurent à expulser les Européens rivaux qui réclamaient leur part de ce que l'on croyait être « l'île » de Santa-Cruz. En 1567, ils chassèrent les Français de la baie de Rio Janeiro et leur prirent, en 1615, l'île de Maranhâo. La côte brésilienne étant aussi exposée que les Antilles aux attaques des corsaires, il fallut la défendre sur mille points contre Anglais, Français et Hollandais, surtout contre ces derniers qui finirent même par occuper le littoral avancé de Pernambuco pendant trente années du dix-septième siècle (1642-1654). Mais, à part la guerre soutenue pour la reconquête de ce territoire, le principal conflit qui éclata dans la terre brésilienne, vouée à la foi catholique, fut précisément une lutte à caractère presque religieux, puisqu'elle mit aux prises les *mamelucos*, blancs métissés de Sâo Paulo, et tout le Brésil méridional avec les missionnaires jésuites. En réalité, il s'agissait de part et d'autre de la possession des indigènes. Les jésuites, qui les avaient convertis et en avaient fait les serviteurs les plus dociles, voulaient les conserver, tandis que les Paulistas prétendaient s'en emparer pour les faire travailler sur leurs plantations. Après de terribles massacres, les prêtres jésuites, suivis de leurs troupeaux humains, durent s'enfuir au loin par delà le Paraná, dans les solitudes du Paraguay, et réussirent pour un temps à maintenir leurs communautés de fidèles obéissants et laborieux.

Naturellement les prodigieuses conquêtes des Espagnols et des Portugais avaient excité la rivalité des autres nations maritimes de l'Europe occidentale. Elles eussent voulu prendre également leur part de la Terre, et même, à défaut de plages encore inoccupées, se substituer à leurs heureux devanciers dans les contrées du Nouveau Monde déjà soumises. C'est ce que les Français avaient tenté de faire au Brésil, quoique à cette époque leurs forces fussent bien faibles pour se répandre à l'extérieur. Toutefois les pêcheurs basques, rochelais, bretons se dirigeaient vers les « Terres Neufves » depuis un temps immémorial, probablement précolombien : n'ayant point d'intérêt à faire connaître les chemins de la mer et les « chafauds » du littoral qui servaient à leur industrie, ils restaient ignorés, si utile que fût leur trafic : la gloire de la découverte appartint à des voyageurs qui ne suivaient point les traditions de la pêche. Les documents recueillis par Fernando Duro et par les historiens du Canada nous apprennent qu'au commencement du seizième siècle, cent ans avant la colonisation officielle, des campements de pêcheurs bretons se succédaient au nord du golfe de Saint-Laurent, près de l'entrée méridionale du détroit de Belle-Isle : sur la baie de Bradore, le campement de Brest hébergeait, au moment de la pêche, jusqu'à trois mille individus. Et pourtant, c'est en 1535 seulement que Jacques Cartier, de Saint-Malo, poussa plus avant que les terres de l'entrée laurentine et reconnut le caractère fluvial des eaux qui proviennent de l'intérieur du continent. Il pénétra jusqu'à l'étranglement principal du lit, à l'endroit où la rivière dite actuellement de Saint-Charles se déverse dans le Saint-Laurent et où se dresse le promontoire superbe qui resserre le lit du fleuve jusqu'au détroit du cap Rouge. Ce rocher, qui domine le confluent et porte la cité pittoresque de Québec, l'une des métropoles du Nouveau Monde, n'avait alors d'autre village qu'une agglomération de huttes, un canada, mot d'après lequel est désigné maintenant tout le territoire de la « Puissance ».

Le campement de Cartier et d'autres qui se fondèrent plus tard, dans le courant du seizième siècle, furent abandonnés par les colons et rasés par les sauvages, et, d'ailleurs, le peuplement de la contrée par des émigrants venus de France et d'autres lieux était presqu'impossible, ces longues étendues de côtes et tout l'arrière pays ayant été donnés en monopole à des personnages bien en cour qui n'étaient pas assez riches pour faire exploiter le sol, mais qui voulaient interdire à tous autres d'y faire commerce ou profit. Tandis que la péninsule d'Acadie, la future Nova-Scotia ou Nouvelle Écosse appartenait à M. de Poutraincourt, une dame, Mlle de Guercheville, était censée la propriétaire de toute la Nouvelle France, à l'ouest de la péninsule d'Acadie, et les agents de la concessionnaire étaient autorisés par le roi à pourchasser tous les étrangers ou Français qu'ils rencontreraient « dans la rivière plus haut que l'endroit de Gaspé » ; au delà « tout trafic et commerce » restaient interdits à « tout capitaine, pilote, marinier et autres de la mer océane ».

C'est ainsi que la colonisation fut retardée et même complètement empêchée pendant un siècle. Partout la foule des pêcheurs dut se contenter d'abris temporaires. Des colons ne purent officiellement prendre possession du sol et y fonder des établissements permanents qu'au commencement du dix-septième siècle, en 1604, à Port-Royal de l'Acadie — maintenant Annapolis — et en 1608, à Québec, c'est-à-dire au « Détroit », au-dessus du large port que forme la rivière Saint-

Charles à son confluent. Mais les quelques immigrants amenés au Canada par Samuel Champlain n'étaient pas même assez ingénieux pour savoir trouver leur nourriture en ces terres fécondes, au bord de ce fleuve poissonneux : quand les provisions envoyées de France venaient à manquer, la famine régnait et le scorbut emportait les colons.

En dehors de la vaine recherche de l'or et du commerce des « pelus » ou pelleteries, les nouveaux venus ne connaissaient aucun métier et n'avaient aucune initiative. Il fallut le génie du Parisien Hébert pour inventer le jardinage sur cette terre fertile qui ne demandait qu'à produire.

A la pauvreté et à l'incurie des concessionnaires, à l'ignorance des colons, s'ajouta bientôt une autre cause de lenteur dans l'appropriation du sol : ce fut l'intolérance religieuse. Les immigrants qui se seraient présentés en plus grand nombre, si le gouvernement colonial avait autorisé le peuplement spontané, auraient été les protestants, puisque la plupart d'entre eux étaient persécutés dans la mère-patrie et que, d'ailleurs, le changement de foi, la rupture des liens traditionnels, les dures nécessités d'une existence nouvelle les douaient d'une certaine initiative. En effet, dans les premiers temps, des huguenots, venus surtout de la Saintonge, débarquèrent au Canada. D'abord protégés par l'esprit de tolérance qui avait dicté l'édit de Nantes, ils furent bientôt obligés de quitter la colonie : la pratique d'orthodoxie intransigeante finit par se préciser et l'unité de foi prévalut, au grand profit matériel du clergé, devenu souverain.

Les vrais rois du Canada, desquels dépendaient les gouverneurs aussi bien que les colons, étaient les missionnaires jésuites : toutes les hautes situations leur étaient acquises et les terres les plus riches leur appartenaient, en même temps que, par la dime, une part considérable de la propriété des fidèles. A côté de cette aristocratie de la compagnie de Jésus, les franciscains, les frères récollets aux pieds nus étaient tenus pour une sorte de plèbe religieuse, bonne tout au plus à convertir les indigènes, avec lesquels elle s'associait volontiers. Maître de la terre, les jésuites eussent voulu également posséder le monopole du commerce et voyaient de très mauvais œil les aventuriers qui s'enrichissaient par le commerce des fourrures. Les ordonnances formelles, sollicitées par eux, défendaient aux « coureurs », sous peine de galères, d'aller chasser à plus d'une lieue de distance. Il en résulta que ces « chercheurs de pistes », obligés de fuir la société policée, allaient vivre chez les Indiens, qui les accueillaient en frères, et que leurs familles, composées de « bois-brûlés », c'est-à-dire de métis, se résorbaient peu à peu dans la population aborigène. L'alliance du sang entre les colons français et les tribus de Peaux Rouges, alliance qui eut donné une solide assise a la race nouvelle et lui eut peut être permis de résister plus tard à l'attaque des colons anglais du littoral, fut réprouvée par les directeurs spirituels du Canada comme une pratique immorale, et l'on préféra s'adresser aux prêtres des paroisses françaises pour envoyer des orphelines, de même qu'à la police de Paris pour trouver dans les asiles et les prisons des femmes chargées de maintenir sur les bords du Saint-Laurent la pureté du sang européen. C'est grâce à ces arrivées de personnes à marier que les Canadiens du bas fleuve sont restés Français d'origine authentique, Pendant la même période, la Grande-Bretagne, d'ailleurs mieux placée pour les relations avec le monde extérieur, avait employé son excédent de force pour le commerce, sinon pour l'émigration coloniale, beaucoup plus activement que la France. L'Angleterre, de même que la Hollande, remplaçait l'Espagne et le Portugal pour l'importation des épices et autres précieuses denrées. Les galions espagnols, pourchassés sur les routes habituelles de l'Océan, n'usaient plus s'y risquer sans se faire accompagner de puissants vaisseaux, tandis que les bâtiments légers des corsaires Hawkins et Drake couraient audacieusement les mers.

Dès 1600, la reine Elisabeth donnait sa première charte à la compagnie des Indes Orientales. Mais les difficultés du peuplement dans le Nouveau Monde furent d'abord aussi grandes pour les Anglais que pour leurs rivaux de France, et même ils n'aboutissaient que quelques années plus tard à un résultat définitif. Sur la côte des Etats-Unis actuels, de même que sur le littoral du Canada, les premiers colons avaient été des huguenots français cherchant un lieu de paix loin de la patrie marâtre : c'étaient, en 1562, une vingtaine d'individus dirigés par Ribaud, ami de Coligny, qui s'établirent dans un des îlots de l'estuaire que commande aujourd'hui la ville de Charleston, métropole de la

Caroline du Sud ; mais ces hommes de guerre, placés dans un nouveau milieu, n'eurent pas l'intelligence assez preste pour s'y accommoder, et s'enfuirent à travers les périls de mer pour éviter les périls de terre. Deux années après, deuxième débarquement de huguenots, cette fois plus au sud, dans un îlot du fleuve floridien dit aujourd'hui le Saint-John. Mais la rumeur de leur arrivée se propagea au loin chez les Indiens, et les Espagnols des Antilles avertis de la présence de ces Européens, doublement ennemis comme Français et comme hérétiques, vinrent fonder dans le voisinage le port de San-Augustin, qui existe encore, et surprirent le fortin des huguenots pour en massacrer les habitants. Trois ans plus tard, en 1568, les meurtriers espagnols furent tués à leur tour par un groupe de vengeurs, venus spécialement de Bordeaux avec Dominique de Gourgues pour saisir et pendre les défenseurs de San-Augustin, « non comme Espagnols mais comme traîtres».

C'est au dix-septième siècle seulement que les Anglais prirent enfin pied sur le territoire habité maintenant par quatre-vingt millions d'individus parlant leur langue et désignés dans la conversation courante, quoique sans vérité, comme autant d'Anglo-Saxons. Il est vrai que, depuis 1584, Elisabeth avait officiellement concédé les côtes atlantiques situées entre les « Terres neuves et la Floride » à son favori Walter Raleigh ; toutefois celui-ci n'avait fait que de vaines tentatives pour utiliser cette vice-royauté de la « Virginie », qu'il avait ainsi dénommée en l'honneur de la reine Vierge. La première colonie destinée à durer quelque peu ne fut établie qu'en 1607, sous le règne du successeur d'Elisabeth, James, dont elle prit le nom. Encore cette Jamestown, dont il reste a peine quelques vestiges, était-elle si peu favorablement située en un îlot malsain, entouré de vasières et de marais, qu'il fallut aussi l'abandonner pour aller plus loin, sur les côtes mieux égouttées de l'intérieur, labourer des terres moins insalubres. Sans doute, cette partie du littoral américain eût été encore une fois délaissée si la culture du tabac, pratiquée par les Espagnols dans les Antilles, n'avait été introduite en Virginie, apportant soudain un grand élément de richesse dans le commerce de l'Angleterre.

Mais, en imitant les Espagnols comme planteurs de tabac, les Anglais les imitèrent également comme exploiteurs de la main d'œuvre. Sous ce climat tempéré, il leur eût été facile de labourer eux-mêmes, ils préférèrent employer des compatriotes en les « engageant » en esclavage temporaire. Les agents des concessionnaires virginiens allaient les recruter dans les ports anglais ou les capturer dans quelque terre ennemie, puis ils les vendaient tant par tête aux planteurs. On achetait également des femmes, soit pour les colons propriétaires, soit pour les « engagés », au prix moyen de 1 200 à 1 500 livres de tabac. Le gouvernement anglais favorisait ce commerce en livrant aux traitants des prisonniers politiques ou autres, qui servirent à constituer peu à peu, à mesure qu'ils étaient affranchis, le gros de la population libre de la Virginie. Quelques noirs, destinés à rester esclaves leur vie durant, « grâce à une heureuse disposition de la Providence », furent débarqués aussi sur les marchés de la côte dès l'année 1620, mais ils n'étaient pas d'importation anglaise, on les avait acquis des traitants hollandais. Aussitôt après, les marins anglais s'empressèrent de monopoliser le trafic des noirs avec les colons, leurs compatriotes d'outre-mer. Avant cette époque, le corsaire Hawkins, qu'avait commandité la reine

Elisabeth, et ses élèves négriers n'avaient volé de nègres sur les côtes de Guinée que pour en fournir les colonies espagnoles.

En cette même année 1620, ou commença l'esclavage des noirs dans les plantations de la contrée qui devint la république des Etats-Unis, s'accomplissait dans l'histoire de la colonisation un autre événement d'importance ethnique et sociale non moins considérable. Une centaine d'émigrants, que la persécution religieuse avait forcés de quitter l'Angleterre et qui s'étaient d'abord réfugiés en Hollande, avaient pris la résolution de fuir dans le Nouveau Monde et de s'y établir sur les bords du Hudson dont leur avait parlé quelque voyageur ; mais, navigateurs inhabiles, ils n'avaient pas su trouver le lieu cherché, là où, trois années après, des Flamands devaient fonder la colonie de Manhadocs, la future New-York, et le hasard les avait menés beaucoup plus au nord, sur le rocher de New-Plymouth, à l'entrée de la grande baie dont Boston occupe maintenant l'extrémité occidentale. Ce fut la première des colonies de la Nouvelle Angleterre qui se distingua, parmi toutes celles du Nouveau Monde, par l'homogénéité de la race et par la rigueur des observances religieuses. Les millions d'hommes qui, par la descendance directe, appartiennent plus ou moins à cette race des « Puritains d'Amérique » ont singulièrement exagéré la valeur morale de cet élément ancestral et lui ont donné le rôle prépondérant parmi tous les immigrants dont la postérité fonda la république des Etats-Unis, cent cinquante ans après le débarquement des « pèlerins ». Sans doute, ces hommes, âprement convaincus d'être possesseurs de l'éternelle vérité et les représentants infaillibles de la volonté du « Très Haut », exercèrent une action rectrice très puissante, mais aussi très funeste, sur les générations qui se succédèrent, persécutant les Indiens Peaux Bouges, comme autant d' « Amalécites », et d' « Amorrhéens » et punissant du fer rouge, de la prison, de la mort, les hérétiques, les blasphémateurs et les sorcières.

Dans les colonies du nord de l'Amérique, l'appropriation du sol se fit en des conditions tout autres que dans les territoires de conquête espagnole, entraînant ainsi des conséquences historiques très différentes. Les soldats des Cortez, des Pizarro et des Almagro s'étaient emparés du Nouveau Monde au nom de leur roi, devenu propriétaire direct et absolu de la terre conquise et de ses hommes, tandis que les immigrants du littoral américain, qui s'étend de la Floride à Terre Neuve et au Labrador méridional, se constituaient en groupes sous la direction et la responsabilité de concessionnaires. Anglaises, hollandaises ou françaises, ces colonies n'étaient pas le fait d'expéditions militaires, mais le résultat d'entreprises relativement pacifiques, amenant la fondation de petites sociétés analogues à celle de la mère-patrie, Angleterre, Hollande ou France.

Les immigrants qui venaient de franchir la mer agissaient absolument comme ils eussent agi s'ils n'avaient eu qu'à traverser un ruisseau pour aller s'établir dans une lande voisine. Les personnages qui avaient obtenu de leur gouvernement le droit d'acquérir un fief en pays d'outremer amenaient avec eux leurs vassaux, et le domaine occupé subissait tout d'abord un régime analogue à celui des fiefs de la mère-patrie. Au fond, on retrouve partout le même système : un seigneur personnel ou impersonnel recevant de la couronne l'investiture seigneuriale sur une région déterminée, à charge par lui d'en opérer le peuplement avec des hommes choisis. D'eux-mêmes, les colons n'avaient pas eu l'idée de s'expatrier, mais à la suite du cadet de famille ou de l'aventurier qui les conduisait et leur faisait espérer un bel établissement, ils se hasardaient à partir pour le Nouveau Monde, où une métairie de vastes dimensions les attendait.